疲れて帰ってきても　忙しくてもすぐできる

MOAI's RECIPE はこんなレシピです

1
何でもレンチン！

レンジで

(レンジ調理のレシピには
左記のアイコンがついています。)

この本格派「八宝菜」
がなんとレンチンだけ！

重しをのせてチン！

重しに皿をのせてチン。
均一に火が通る工夫です。

パスタも
うどんも
ゆでません。

具とまとめてチン！

ふんわり
ラップ

ふんわりとラップ
（▶ P.9 参照）をしてチン。

「作るのはいいけど
洗い物がな〜」と
いつも思うので、
忙しい毎日に、
洗い物が減るのは
うれしいです。

チン！

スイーツもできちゃう。

チン！

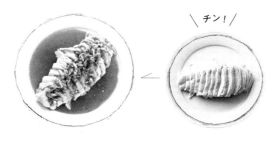

焼かずにレンジでお肉がジューシー。

これもレンジなの？ というくらいレンチンで調理します。
お湯を沸かしたり炒めたり焼かなきゃいけないものも
簡単に加熱できて、鍋やフライパンを使わなくてすむ
から、それらを洗ったりガス台を掃除する必要もない
ので本当に便利です。

コンロと違って火加減を気にしなくてよくて、ずっと見
ていなくてよいのも楽ちんです。
「レンジだと、かたくなったりしておいしくできないので
は」と思うかもしれませんが、どれもレンジでおいしく
できる工夫をしたレシピになっています。

3

2

カット食材をうまく利用！
時短、無駄なし、洗い物なし

野菜やお肉などはすでにカットされているものをうまく活用します。野菜をまるまる1個買って余らせる心配もないし、カットしないということは、包丁やまな板の洗い物も減るという、うれしいおまけも。

＼ こんなのも便利 ／

最近スーパーではいろいろなカット野菜が売られています。

切ったあと、まな板や包丁をしっかり洗わなければならないお肉。カット済みならパックから取り出してそのまま調理できるから、すごく便利。

から揚げ用鶏肉。　　豚や牛のこま切れ肉や切り落としも切らずに使えます。

3

味付けが簡単に決まる！失敗知らず！
万能調味料を使って

めんつゆや焼き肉のたれ、ケチャップやマヨネーズなど、すでに味が決まっている調味料を上手に使って味付けをします。そうすれば、お料理初心者でも失敗せずおいしくできます。

4

野菜たっぷりのレシピがいっぱい

副菜を作るのがめんどうだなと思うので、できるだけその一品に
たっぷりの野菜を盛り込んだレシピになっています。一品でしっか
り栄養がとれれば、作る手間も少なく、もちろん洗い物も少ない!

キャベツたっぷり!

P.44　ほとんどキャベツのお好み焼き

お好み焼きにはキャベツが
2人分で¼個も入っています。

4種の野菜入り!

P.38　野菜たっぷりオムライス

玉ねぎ、ピーマン、マッシュルーム、
ミニトマトがこの一皿で食べられます。

アボカドまるまる1個!

P.14　5分で!サーモンアボカ丼

アボカドを残さず全部使った、
満足丼。

5

気分もあがります!
盛り付けにはこだわって

食器や盛り付けにはこだわっ
ています。お気に入りのかわい
い器を使って、きれいに盛り
付けて最後に青みやごまなどを
トッピングして見栄え良く仕上
げます(もちろん味もよくなりま
す!)。もしめんどうでなかった
ら、そのひと手間が料理をお
いしく見せてくれるので、ぜひ
レシピを参考にやってみてくだ
さい。

おいしそうにできたら、
SNSにあげてみんなに
見てもらいたくなり、
お料理がもっと
楽しくなります。

私がよく使う、あると映える食材

@moaiskitchen

1青じそ。水につけて2〜3日持つ。
2刻みのり・3ごま・4糸唐辛子など
の乾物は日持ちする。5万能ねぎ・6
貝割れ菜・7パセリは細かく切って冷
蔵室で3日程度保存可能(使いきれな
いときは水分をきって冷凍保存)。

お気に入りの食器たち。
▶P.96コラムで紹介

MOAI's KITCHEN

Contents

作り始める前に

実際に料理を作り始める前に、この本で使っている調味料や道具、覚えておきたいことをご紹介します。

調味料のこと

○基本調味料

めんつゆは2倍濃縮を使用

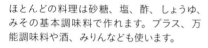

ほとんどの料理は砂糖、塩、酢、しょうゆ、みその基本調味料で作れます。プラス、万能調味料や酒、みりんなども使います。

エスニック調味料があれば、お店の味に！

ひとさじで本格的なおいしさになるナンプラーやコチュジャンなどのエスニック調味料も登場します。他に、オイスターソースやラー油なども。

タイ料理に！

甘みとコク！韓国唐辛子みそ

○オイル類

オイルはサラダ油、ごま油、オリーブ油を使っています。ごま油やオリーブ油は風味づけに使えるので、ひとり暮らしでも小さな瓶をストックするのがおすすめ。

調理道具のこと

○レンジ、炊飯器、オーブントースターをフル活用！

できるだけ火を使わなくていいよう、多くの料理は電子レンジ、炊飯器、オーブントースターで作れます。

#レンジで　#炊飯器で　#トースターで

耐熱皿

電子レンジ調理が多いので、レンジOKの耐熱皿やボウルが必要です。写真のものの他、100円ショップで買えるものもあります（▶ P.72 参照）。

○火を使うときの、鍋やフライパン

ホーロー鍋

鍋

フライパン

1〜2人分は、直径16cmか18cmの鍋があればOK。私は、ホーローの厚手鍋を鍋ものや煮込みに使っています。フライパンは直径26cm。

しょうがやにんにくのこと

○ひとかけってどれくらい？

しょうが

「しょうが1かけ」は親指の第1関節くらいの大きさが目安。重さにすると約10gです。

にんにく

「にんにく1かけ」は、房になったにんにくを分けたうちの1粒。重さにすると約10gです。

○チューブ

すりおろしはチューブでもOK!

1かけ分＝小さじ1杯＝3〜4cm
※生とチューブでは少し風味が異なるため、好みに合わせて分量を調整してください。

○使うときは？

すりおろす

おろし器ですりおろして使います。少量をおろしやすい、小さなおろし器が便利。

切る

写真のように細かく刻んで「みじん切り」にするほか、「せん切り」、「スライス」などにします。

潰す

「にんにくを潰す」とあるときは、まな板にのせ、包丁の腹（刃でないほう）を当て、形がくずれるまで上からぎゅっと押します。

塩のこと

○ひとつまみ

塩の「ひとつまみ」は、親指、人さし指、中指の3本でつまめる量です。

ふんわりラップのこと

3分!

ふんわりラップ

工程に指示がない場合、このアイコンが入っています!

レンジ調理が多いので頻繁にでてくるラップの張り方です。ピンと張らず、たるみを作り、ふんわりとラップをかけることです。こうすると加熱するとき、ラップの中で空気の対流ができ、食材が効率よく加熱できます。

MOAI's KITCHEN
この本の使い方

- レシピは1人分または2人分です。

- 大さじ1=15㎖、小さじ1=5㎖、1カップ=200㎖です。
  すりきりで量ってください。

- レシピ材料内の調味料「A」や「B」は、同じさじを使うものは、
  洗わなくてすむように、「粉のもの→液体」の順に表記しています。
  上から順に入れていってください。

- 電子レンジは600Wを基準にしています。
  ただし、メーカーや機種によって違いがあるので
  加熱時間は様子を見ながら加減してください。
  ふんわりとラップをかけるもの（▶P.9参照）にはアイコンがついています。

- オーブントースターは1000Wを基準にしています。
  こちらもメーカーや機種によって違いがあるので、
  様子を見ながら加減してください。

- コンロを使った調理の火加減は、特に指定がない場合は**中火**です。

- 野菜は特に指定のない場合、皮はむいて、根は切り落として使用します。

- だしは市販のものを使用しています。洋風は**コンソメ顆粒**、
  和風は**和風だしの素（顆粒）**、中華は**鶏ガラスープの素**を使用しています。

- めんつゆは**2倍濃縮**を使用しています。メーカーなどによって
  味付けが多少異なりますので、味をみながら調整してください。

インスタグラムのレシピ動画がある料理には、
QRコードがついています。

*インスタグラムの動画のため〈仕上げ〉や表現などが
本書と違う場合もあります。

レシピ動画も
チェック
してみて！

＊QRコードは（株）デンソーウェーブの登録商標です

PART

1

MOAI's KITCHEN
人気レシピ

みんなが「おいしい!」「作ったよ!」と言ってくれた、
インスタグラムで人気のあったレシピを紹介します。

レンチン豚キムチうどん

#レンジで

（難易度 ★☆☆
調理時間 10分）

レンジが大活躍！ のっけてチンするだけの、人気レシピです。

◎材料（1人分）

冷凍うどん … 1玉
豚バラ肉……50g（長さを半分に切る）
キムチ ………50g
めんつゆ（2倍濃縮）…大さじ1
ごま油………大さじ1
卵黄…………1個分
万能ねぎ……適量（小口切り）

RECIPE

1

耐熱皿に冷凍うどん→豚肉→
キムチを順にのせる。

POINT

豚肉は重ならないようにのせ
て、加熱ムラを防止。うどん
もしっとり

2

めんつゆ
大さじ1

5分チン！
ふんわり
ラップ

加熱後はこんな感じでOK

めんつゆをかけて、ラップをし
てレンジで5分チン。

3

ごま油
大さじ1

ほぐしたところ

ごま油をかけてほぐす。

〈仕上げ〉 器に盛り、卵黄を
のせ、万能ねぎを散らす。

卵黄をからめてまろやかに

MOAI's MEMO

だしとごま油香るピリ辛うどんです。レンジでチンするだ
けなので超簡単！ お肉と野菜と麺が1つでとれるので食
べごたえ◎。使用する調味料もシンプルなので失敗知ら
ずのレシピです♪

（ 難 易 度 ★☆☆ ／ 調理時間 5 分 ）

５分で！サーモンアボカ丼

焼き肉のたれと和えてご飯にのせるだけで、すごくおいしい！ 超速レシピ。

◎材料（１人分）

サーモン（刺身用）	……	70g
アボカド	………………	1個
焼き肉のたれ（市販品）	…	大さじ2
万能ねぎ	……………	適量（斜め小口切り）
白いりごま	…………	適量
温かいご飯	…………	どんぶり1杯分

RECIPE

1

1〜1.5㎝角

アボカドは1〜1.5㎝角に切る。

POINT

アボカドの切り方
▶ P.108 参照

ぐるっと切り目を入れて、
ひねる！

2

1〜1.5㎝角

サーモンも1〜1.5㎝角に切る。

POINT

アボカドと大きさを揃えると、
きれい＆食べやすい

3

焼き肉のたれ
大さじ2

ボウルにアボカド・サーモンを
入れ、焼き肉のたれをかけて
混ぜる。

〈仕上げ〉 器にご飯を盛る。
具をのせ、万能ねぎ・ごまを
散らす。

MOAI's MEMO

アボカドとサーモンは間違いない組み合わせ。
味付けはご飯に合う焼肉のたれだけで仕上げま
した。材料を切って和えるだけ。火を使わない
ので本当に楽ちんな一品です♪ 料理をする気
力が少ないときでも作れます！

15

レンジで

レンチン一撃カルボナーラ

（難易度 ★★☆
調理時間 10 分）

あのカルボナーラがボウル1つで、レンジでできちゃう。

◎材料（1人分）

スパゲッティ（5〜7分ゆでのもの）…100g
厚切りカットベーコン ……50g
玉ねぎ……………………¼個（縦に薄切り）

A｜
にんにく …………………½かけ（すりおろす）
コンソメ（顆粒）………小さじ½
塩…………………………小さじ¼
水…………………………230㎖

B｜
粉チーズ…………………大さじ2
牛乳………………………大さじ3
卵黄………………………2個分
粗びき黒こしょう ……少々

粗びき黒こしょう ………少々

生クリームなしでもリッチな味

RECIPE

1

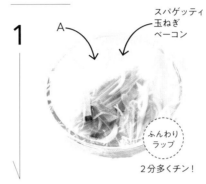

A

スパゲッティ
玉ねぎ
ベーコン

ふんわり
ラップ

2分多くチン！

耐熱ボウルにAを入れて混ぜる。
スパゲッティを半分に折って加える。
玉ねぎ・ベーコンをのせてラップをする。
レンジでスパゲッティの袋の表示時間より2分多くチン。

2

B

Bを加えて混ぜる。

POINT

熱いうちに混ぜて、卵黄を半熟状態に

3

黒こしょうをふると風味がよい！

〈仕上げ〉 器に盛り、粗びき黒こしょうをふる。

MOAI's MEMO

卵黄のコクと粉チーズのうまみが効いたカルボナーラです！ フライパンも使わないので、洗い物が少なくて本当に助かります。ストックしてあることが多い食材なので、食べたいときにさくっと作ってみてください！

レンジでビビンバ

ナムルも肉みそもレンジで完成！！　野菜たっぷり副菜いらずの丼です。

◎材料（2人分）

豚ひき肉……………………200g

A

砂糖…………………	大さじ1
みそ…………………	大さじ1
鶏ガラスープの素…	小さじ½
しょうゆ……………	小さじ1
すりおろしにんにく…	小さじ1
こしょう……………	少々

にんじん ……………… ½本（せん切り）
小松菜……………… 2株（3cm長さに切る）
しいたけ……………… 2枚（薄切り）

B

ごま油………………	大さじ1
鶏ガラスープの素…	小さじ½
塩…………………	ひとつまみ

キムチ ………………… 60g
卵黄…………………… 2個分
白いりごま …………… 各適量
温かいご飯…………… どんぶり2杯分

RECIPE

1

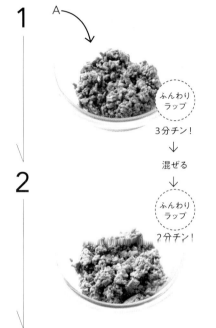

A

ふんわり
ラップ

3分チン！

〈肉みそ〉　ボウルにひき肉を入れてAを加えて混ぜる。ラップをしてレンジで3分チン。

↓
混ぜる
↓

2

ふんわり
ラップ

2分チン！

ラップをはずして混ぜる。再びラップをしてレンジで2分チン。

POINT

途中で混ぜると固まらずふんわりジューシーに

3

1分！

ふんわり
ラップ

3分！

〈ナムル〉　野菜は別々に耐熱皿に入れ、ラップをする。しいたけは1分、にんじん・小松菜は3分レンジでチン。

POINT

小松菜は加熱後、冷水にさらして水けを絞ると、えぐみが消えてシャキッとした食感に

4

B 野菜

ボウルにBと3の野菜を加えて混ぜる。

〈仕上げ〉　器にご飯を盛る。肉みそ→ナムル→キムチ→卵黄を順にのせ、ごまを散らす。

 # レンジで

（難易度 ★★☆
調理時間 15分）

ジューシー鶏チャーシュー丼

インスタグラムで大人気のメニュー。むね肉をレンジで調理するのに、とってもジューシーでおいしい！

◎材料（2人分）

鶏むね肉…………… 1枚（約300g）

A | 砂糖…………… 小さじ1
  | 塩・こしょう … 各少々

B | にんにく ……… 1かげ（すりおろす）
  | しょうが ……… 1かげ（すりおろす）
  | 砂糖 …………… 大さじ1½
  | しょうゆ ……… 大さじ1½
  | 酒 …………… 大さじ1½

長ねぎ…………… 適量（白髪ねぎにする）
　（**白髪ねぎの切り方 ▶ P.110参照**）
貝割れ菜………… 適量（根を切り落とす）
マヨネーズ・一味唐辛子…各適量
温かいご飯……… どんぶり2杯分

MOAI's MEMO

たれだけをさらに2分30秒加熱して煮詰めると、肉やご飯によくからんでおいしいです。

RECIPE

1

下味がついて、
砂糖の保湿効果でしっとり

鶏肉は皮つきのまま観音開きにする。
Aをふり、手で全体にすり込む。

POINT

観音開きの方法 ▶ P.109参照

包丁を斜めに入れて、
平らになるように切る

2

きつく
巻く！

端からくるくると巻く。

POINT

形を整えるように、きつく巻く

3

B

ふんわり
ラップ

2分30秒チン！
↓
上下返して
↓
ふんわり
ラップ

2分30秒チン！

耐熱皿にのせてB（たれ）を混ぜてかける。
ラップをしてレンジで2分30秒チン。
上下を返し、再びラップをしてレンジで2分30秒チン。

4

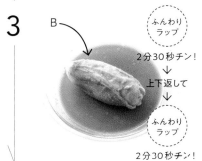

ラップをしたまま冷ますと、
水分が鶏肉の中に戻ってしっとり

ラップをしたまま冷まし、食べやすく切る。

〈仕上げ〉 器にご飯を盛る。
鶏肉をのせ、たれをかける。
白髪ねぎ・貝割れ菜・マヨネーズ・一味唐辛子をトッピング。

巻かないロールキャベツ

（難易度 ★★★／調理時間 30分）

一つ一つ巻くのが面倒なロールキャベツ。だからキャベツとお肉を交互に重ねて、ミルフィーユにしました。

◎材料（2～3人分）

キャベツ …………… ¼個（約300g・1枚ずつはがす）

A	合いびき肉………	250g
	玉ねぎ…………	½個（みじん切り）
	パン粉…………	大さじ2
	牛乳……………	大さじ2
	卵……………	1個
	塩・こしょう……	各少々

B	ホールトマト缶…	300g（潰す）
	トマトケチャップ…	大さじ2
	コンソメ（顆粒）…	小さじ1
	しょうゆ…………	小さじ1
	塩……………	ひとつまみ
	水……………	½カップ

ピザ用チーズ ……… 50g

仕上げにチーズを投入

RECIPE

1

キャベツの芯

キャベツは芯を切り取り、みじん切りに。

POINT

芯は火が通りにくく、食べにくいので刻んで具にします

2

A

〈肉だね〉 Aと1のキャベツの芯を入れる。
粘りが出るまで混ぜる。

3

（キャベツ⅓）→（肉だね½）→

鍋にクッキングシートを敷く。
キャベツの⅓量→肉だねの½量の順に、平らにのせる。
さらにキャベツ→肉だね→キャベツの順に重ねる。

POINT

クッキングシートを敷いておくと、後で取り出しやすい（取り出すときはよく汁けをきって）

→（キャベツ⅓）→（肉だね½）→（キャベツ⅓）

4 B

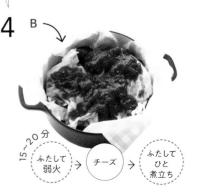

15～20分（ふたして弱火）→（チーズ）→（ふたしてひと煮立ち）

Bを混ぜ合わせ、全体にかける。
ふたをして弱火で15～20分煮て、チーズを加える。
再びふたをしてひと煮立ち。

〈仕上げ〉 チーズが溶けたら食べやすく切って器に盛る。

ベイクドアボカド

トースターにおまかせ！ あと一品欲しいときにおすすめのレシピです！

◎材料（2人分）

アボカド ……………… 1個
レモン汁 …………… 少々

A
ツナ缶（油漬け） …… 1缶（約70g）
マヨネーズ ……… 大さじ2
塩・こしょう ……… 各少々

ピザ用チーズ ………… 30g

RECIPE

1

底の皮を切り取ると
お皿にのせたとき、安定！

アボカドは縦半分に切る。
断面にレモン汁をかける。

POINT

アボカドの切り方▶ P.108参照

断面にはレモン汁を
ふっておくと、変色防止に

2

A（ツナ缶は油をきる）を混ぜ
合わせ、1に等分にのせる。

3

5分！
オーブン
トースター

ピザ用チーズをのせる。
オーブントースターで5分焼く。
チーズに軽く焼き色がついた
ら取り出す。

MOAI's MEMO

クリーミーなアボカドとツナマヨが絶妙にマッチ。
たっぷりのせたチーズ がとろけて見た目にもおい
しい！ 焼きたての熱々を召し上がってください！
もっと野菜をとりたい方は、みじん切りの玉ねぎ
をツナマヨに入れるとよいです♪

絶対おいしい！
困ったときはキムチーズ

モアイズキッチンの人気＆定番組み合わせ「キムチ」と「チーズ」！キムチのピリ辛がチーズのコクでマイルドに仕上がって万人受けする味になり、お肉にも、魚にも、野菜にも、何に合わせても本当に相性が良い鉄板の組み合わせです。

この「キムチ」と「チーズ」の組み合わせを思いついたのが、実は仕事で疲れて一刻も早く帰宅したくて買い物をせずに家に帰って、いざ料理をしようとすると冷蔵庫にはほとんど食材がなくて……。でもお腹が空いていたのでとりあえず、常備してあるキムチとチーズ、そして卵を使って何か作れないかなと考えてできた、「キムチーズ厚焼き」です。これはインスタグラムでもTikTokでも反響が大きく、「キムチーズ」の人気を確信しました（笑）。

そんなきっかけで作り始めたキムチーズレシピは、常備菜＋１〜２品買い足すだけでできる簡単レシピを考えることが多いです。

おいしくて、簡単に作れる「キムチーズ」、ぜひ試してみてください！

◀キムチは味がしっかりついているので、料理に使うと味付けが楽になります。私はキムチが好きでいろいろ試して、今はこの「こくうま」がお気に入り。辛すぎずうまみもちょうどよくて、どんな料理にも合います。切らずにそのまま使えるところもよいです。

◀チーズはコクがあるので、味が決まらないときに少しでも入れると、一気に味がまとまる万能食材。スライスチーズより、量の調整がしやすくて、料理全体にまんべんなくかけることができるので、ピザ用チーズを使うことが多いです。よくこのジャコヴィアのミックスチーズを買います。

鉄板の
組み合わせ！

チーズが
とろ〜り

MOAI's KITCHEN
人気
No.1

難 易 度 ★★☆
調理時間 10 分

ピリ辛とろとろチーズ！

キムチーズ厚焼き

◎材料（2人分）
　　＊卵焼き用器13×18cm

キムチ…50g
ピザ用チーズ…30g
卵…3個

A｜しょうゆ…小さじ1
　｜水…小さじ1

ごま油…適量
万能ねぎ…適量（小口切り）

RECIPE

1 ボウルに卵とＡを入れて、溶きほぐす。

2 卵焼き用器にごま油を熱し、余分な油は拭き取る。
熱くなったら、卵液の¼量を流し入れる。

3 端にキムチとチーズをのせてフライ返しで
卵を3等分に折り返す。
再び卵液の¼量を流し入れる。
残りの卵液も¼量ずつ流し入れては同じ要領で焼く。

4 取り出して食べやすい大きさに切る。

〈仕上げ〉 器に盛り、万能ねぎをのせる。

だしが効いたピリ辛味

キムチーズリゾット

（難易度 ★★☆
調理時間 15分）

◎材料（2人分）

キムチ…100g
ピザ用チーズ…50g
合いびき肉…120g
塩・こしょう…各少々
ご飯…茶碗2杯分
ごま油…大さじ½
万能ねぎ…適量
　　（斜め小口切り）

A｜ 水…2カップ
　｜ しょうゆ…大さじ1
　｜ 和風だしの素（顆粒）
　｜ 　　…小さじ1

RECIPE

1　ひき肉に塩・こしょうをふる。

2　鍋にごま油を熱し、1を入れて炒める。
　　肉の色が変わったらキムチを加えて炒め合わ
　　せ、Aを加える。

3　煮立ったらご飯を入れてさっと混ぜ、2〜3分
　　煮る。

4　チーズを加え、ふたをして火を止める。

　　〈仕上げ〉　チーズが溶けたら万能ねぎを散らす。

◎材料（2〜3人分）

キムチ…180g
ピザ用チーズ…80g
鶏もも肉（から揚げ用）…300g
じゃがいも…1個
　　（7〜8mm厚さの輪切り）
玉ねぎ…1個
　　（縦半分に切って1cm幅に切る）

ピーマン…2個（乱切り）
ごま油…適量

A｜ 砂糖…大さじ2
　｜ みそ…大さじ2
　｜ しょうゆ…大さじ2
　｜ ごま油…大さじ½

RECIPE

1　ボウルにAを入れて混ぜる。
　　鶏肉とキムチを加えてよく混ぜて10分ほどおく。

2　フライパンにごま油を熱し、野菜を入れて炒め、全体に油が
　　なじんだら取り出す。
　　ごま油を足し、1を入れて炒め、肉の色が変わったら取り出す。
　　野菜を戻し入れ、取り出しておいた鶏肉とキムチを全体に広
　　げて、ふたをして10分蒸し焼きにする。

3　チーズを加えてふたをして2〜3分焼く。

キムチの汁けを味付けに活用

キムチーズタッカルビ

（難易度 ★★★
調理時間 30分）

簡単レンジ調理。もう一品欲しいときに！

キムチーズ豆腐

（難易度 ★☆☆
調理時間 10分）

#レンジで

◎材料（1人分）
キムチ…30g
ピザ用チーズ…10g
絹ごし豆腐…約100g
豚薄切り肉（しゃぶしゃぶ用）…30g
焼き肉のたれ（市販品）…小さじ1
ごま油…小さじ1

RECIPE

1　耐熱の器に豆腐を入れ、豚肉・キムチをのせ
　焼き肉のたれをかける。
　ふんわりとラップをしてレンジで2分チン。

2　取り出してラップをはずし、チーズをのせて再
　びラップをしてレンジで1分チン。

　〈仕上げ〉　ごま油をかける。

（難易度 ★☆☆
調理時間 10分）

#トースターで

◎材料（1〜2人分）
キムチ…30g
ピザ用チーズ…40g
さば缶（みそ煮）…1缶（190g）

RECIPE

1　ボウルにさば缶を缶汁ごと入れる。
　キムチを加え、さばを粗くほぐしながら混ぜる。

2　耐熱容器に1を入れる。
　チーズをのせてオーブントースターで焼き目がつ
　くまで5分ほど焼く。

さばのみそ煮缶で。止まらないおいしさ

さばキムチーズ

卵のはなし。

私は「目玉焼き」、「温泉卵」、「卵黄」など、よく料理の仕上げに卵をのせます。
1個のるだけで、卵の黄色でぐんと料理が映えて、栄養もアップするから、大好きです!

（ 目玉焼き ）

私はいつもふたをしないで焼きます。フライパンに
多めのサラダ油を入れて熱し、卵を割り入れて、白
身に油がかかるようにフライパンをゆすりながら（ま
たは、スプーンで油をすくってかける）、白身が固まる
まで焼くと、黄身がきれいな目玉焼きができます!

（ 温泉卵 ）

温泉卵は市販品を購入することも多いのですが、
自分でも電子レンジで簡単に作れます。黄身が爆
発しないよう、つまようじで穴をあけておくのがポ
イント。

◯ レンジで！ 温泉卵の作り方

1　2　3

1　耐熱の器に卵を割り入れる。
　つまようじで黄身5〜6か所に穴をあ
　ける。
　*必ずあけてください!

2　水大さじ2杯を加える。

3　ふんわりとラップをしてレンジで40
　秒チン。そのまま庫内で3分間おく。

　*まったく固まらない場合は、様子を
　　見ながら20秒ずつ追加で加熱する。

PART
2

野菜がしっかりとれる
一品完結レシピ

一皿でタンパク質、炭水化物、野菜もしっかりとれるように考えたレシピなので、
副菜いらずで、栄養バランスも◎。一皿なので洗い物が少ないのもうれしい。

難易度 ★★☆
調理時間 15分

具材ごろごろガパオライス

エスニックで旅行気分♪　野菜もお肉もごろごろ入った、おうちで簡単タイ料理！

◎材料（2人分）

鶏もも肉‥‥‥‥1枚（1.5cm角に切る）
玉ねぎ‥‥‥‥‥½個（1cm角に切る）
ピーマン ‥‥‥‥1個（1cm角に切る）
赤パプリカ‥‥‥¼個（1cm角に切る）
にんにく ‥‥‥‥1かけ（みじん切り）
塩・こしょう ‥‥各少々
オリーブ油 ‥‥‥適量

A｜ オイスターソース‥大さじ1
　｜ しょうゆ ‥‥‥‥‥大さじ1
　｜ ナンプラー ‥‥‥‥小さじ1

バジル ‥‥‥‥‥10枚ほど
温かいご飯‥‥‥茶碗2杯分
卵‥‥‥‥‥‥‥2個

RECIPE

1

野菜1cm角

鶏肉1.5cm角

玉ねぎ・ピーマン・パプリカ
は1cm角に切る。
鶏肉は1.5cm角に切って塩・こ
しょうをふる。

2

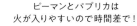

鶏肉 → 玉ねぎ → ピーマン
　　　　　　　　パプリカ

ピーマンとパプリカは
火が入りやすいので時間差で！

フライパンにオリーブ油大さじ
½・にんにくを入れる。
香りが立つまで弱火で熱し、
鶏肉を入れて中火で炒める。

肉の色が変わったら玉ねぎを
加えて炒める。
ピーマン・パプリカを加えて軽
く炒める。

3

A
バジル

Aとバジルを加え混ぜる。
器にご飯を盛り、炒めた具を
かける。

〈両面目玉焼き〉　フライパン
を洗い、オリーブ油大さじ½
を足し、卵を割り入れる。
弱めの中火で焼き、裏返して
好みのかたさまで焼く。

〈仕上げ〉　炒めた具の上に目
玉焼きをのせる。

MOAI's MEMO

タイのチェンマイで習ったガパオライスです！
日本ではひき肉で作るイメージですが、鶏肉を
小さく切った本場風。大きめの具材なので食
べごたえがある一品です。卵は半熟に仕上げて、
具材とご飯とからめて召し上がってください♪

33

（難易度 ★★☆
調理時間 30 分）
（炊飯時間を除く）

バター香る 鮭といくらの和ご飯

炊飯器で作るごちそうご飯。海の幸と野菜の両方がとれる丼に。

◎材料（2合分）

米……………2合
　（洗って30分ほど水につける）
生鮭…………2切れ
塩……………少々
いくら………50g
ごぼう………½本（ささがき）
にんじん……½本（せん切り）
三つ葉………適量（3㎝長さに切る）
バター………20g

A
｜酒……………大さじ2
｜しょうゆ……大さじ1½
｜砂糖…………小さじ½
｜和風だしの素（顆粒）…小さじ½
｜塩……………ふたつまみ

これも便利

面倒なごぼうのささがきは、すでにささがきになっている市販品を使うと、楽です。

RECIPE

1

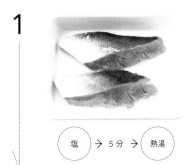

鮭の両面に塩をふり5分ほどおいてから、色が白っぽくなるまで熱湯をかける。
余分な水分はキッチンペーパーで拭く。

POINT

湯をかけると臭みがとれる

塩 → 5分 → 熱湯

2

ごぼう
にんじん

フライパンにバターを弱めの中火で溶かす。
ごぼう・にんじんを入れてしんなりするまで炒める。

3

炊飯器に水けをきった米とAを入れ、目盛りどおりに水を注いで混ぜる。
2の野菜を平らにのせる。
1の鮭をのせ、炊飯する。

〈炊き上がったら〉 鮭は皮を除き、粗く身をほぐす。
鮭以外をよく混ぜる。

〈仕上げ〉 器に盛り、いくら・三つ葉をのせる。

米・A
水 → 野菜 → 鮭

水は目盛りどおりでOK!

MOAI's MEMO

海の幸をたっぷり使った和の炊き込みご飯。根菜もたっぷり入っていて、食べごたえ満点◎。鮭のうまみと野菜の甘み、バターの香りが調和した一品です。下処理だけがんばって、後は炊飯器におまかせしましょう♪

きのこいっぱいロコモコ丼

ハワイ名物をおうちで♪　おもてなし料理にもおすすめです。

◎材料（2人分）

A
- 合いびき肉………150g
- 玉ねぎ…………½個（みじん切り）
- パン粉…………大さじ3
- 牛乳……………大さじ2
- 卵………………1個
- 塩・こしょう……少々

- オリーブ油………大さじ1
- しめじ……………50g（根元を切る）
- えのきたけ………50g
　　　（根元を切って長さを半分に切る）
- 白ワイン…………大さじ1

B
- 粉チーズ………大さじ2
- 中濃ソース……大さじ3
- トマトケチャップ…大さじ3

- 温かいご飯………どんぶり2杯分
- 市販のサラダ野菜ミックス…1袋
- 卵………………2個（目玉焼きにする）
- 好みでパセリ………少々（みじん切り）

RECIPE

1

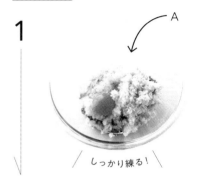

しっかり練る！

玉ねぎはふんわりとラップをしてレンジで3分チン。
粗熱をとっておく。

〈肉だね〉　ボウルにAを入れて粘りが出るまで練る。

2

くぼみ

2等分にして小判形にまとめる。
中心にくぼみを作る。

POINT

くぼみを作ると中まで火が通りやすくなる

3

きのこ
白ワイン → ふたして → B

5分！

フライパンにオリーブ油を熱し、2を入れて焼く。
色づいたら裏返す。
きのこを加えて白ワインをふる。

ふたをして5分ほど蒸し焼きに。
Bを入れて軽く混ぜ、1〜2分ほど煮込む。

〈仕上げ〉　器にご飯とともに盛る。野菜・目玉焼きをのせ、パセリを散らす。

これも便利

サラダ野菜だけでなく、根元を切ったきのこも便利。バラバラになっているのですぐ使えます。

MOAI's MEMO

野菜たっぷりがうれしい！ ハンバーグの中の玉ねぎも通常より増量しています。きのこのうまみが詰まったソースと肉汁たっぷりハンバーグで食べごたえ抜群！ おうちカフェ気分を堪能できます！

野菜たっぷりオムライス

ご飯の中にもソースにも野菜がたくさん入っている、サラダいらずのオムライスです。

◎材料（2人分）

鶏もも肉 ……………… ½枚
　　　　　　　　　（1cm角に切る）
玉ねぎ ………………… ½個（みじん切り）
ピーマン …………… 2個（みじん切り）
マッシュルーム …… 2個（みじん切り）
温かいご飯 ………… 茶碗2杯分
オリーブ油 ………… 大さじ1
塩・こしょう ……… 少々
トマトケチャップ … 大さじ6
ピザ用チーズ ……… 40g

A
ミニトマト ……… 8個
　　　　　（へたを取って半分に切る）
トマトケチャップ … 大さじ1
中濃ソース ……… 小さじ2

B
卵 ………………… 4個
牛乳 ……………… 大さじ3

サラダ油 ………… 適量
パセリ …………… 少々（みじん切り）

MOAI's MEMO

野菜の優しい甘みが口いっぱいに広がるオムライスです。トマトのうまみたっぷりのソースはチンするだけでできる簡単ソースで、他のレシピでも使えます！卵は片面焼きで、ご飯を包まなくていいから失敗しにくいです♪

RECIPE

1

A　40秒チン！

〈ソース〉　耐熱の器にAを入れて混ぜ、ラップをしないでレンジで40秒チン。

2

鶏肉 → 炒める → 野菜 → ケチャップ

フライパンにオリーブ油を熱する。
鶏肉を入れ、塩・こしょうをして炒める。
肉の色が変わったら野菜を加えて炒め合わせる。
全体に油がなじんだらケチャップを加えて混ぜる。

3

ご飯・チーズを加えて、全体がなじむように弱火で炒め混ぜる。
器に½量（1人分）を盛って形を整える。

4

卵液
½量

フライパンを斜めにしてそのまま卵をご飯の上へ

〈卵（1人分ずつ）〉　ボウルに卵を割り入れ、牛乳を加えて溶く。
洗ったフライパンにサラダ油適量を熱する。
卵液の½量を流し入れ、混ぜながら半熟状になるまで焼く。

〈仕上げ〉　卵をご飯の上にのせ、1をかけてパセリをふる。

なす入り肉汁うどん

具だくさんのつけ汁で、食べごたえ抜群！ うどんはレンチン、汁も鍋一つで楽ちん。

◎材料（2人分）

冷凍うどん ……2玉
豚バラ肉……… 120g（4cm幅に切る）
油揚げ……… 1枚
　　　　　（熱湯をかけて1cm幅に切る）
長ねぎ ……… 1本（3cm長さに切る）
なす ………… 1本
　　　　　（長さを半分に切って2cm幅に切る）
サラダ油……… 大さじ½

A ┌ しょうゆ ……… 大さじ3
　│ みりん ……… 大さじ3
　│ 和風だしの素（顆粒）…小さじ1
　└ 水……… 1½カップ

万能ねぎ……… 適量（小口切り）
好みで一味唐辛子…少々

RECIPE

1

表示どおりにチン！
ふんわりラップ

耐熱皿に冷凍うどんをのせ、ラップをして袋の表示時間どおりにレンジでチン。
ざるに入れて冷水で洗い、よく水けをきって器に盛る。

2

〈つけ汁〉 鍋にサラダ油を熱し、なすを入れて炒める。

POINT

なすは火が入りにくいので、先に炒めておく

3

A

豚肉
油揚げ
ねぎ

Aを注ぎ入れ、豚肉・油揚げ・ねぎを加えて煮る。
豚肉の色が変わってから2～3分ほど煮る。

〈仕上げ〉 つけ汁を器に盛って万能ねぎをのせる。
好みでうどんに一味唐辛子をふる。

MOAI's MEMO

武蔵野名物の肉汁うどんをおうちで！ なすが入って食べごたえアップ！ 長ねぎは半生のシャキシャキに仕上げるのがおすすめです。一味はうどん全体にかけると、どこを食べてもピリ辛でいただけます♪

ごま風味豚しゃぶうどん

お手製のごまだれで、野菜もお肉もおいしく食べられる！ サラダ感覚のうどんです。

◎材料（1人分）

冷凍うどん …………1玉
豚薄切り肉（しゃぶしゃぶ用）…60g
市販のサラダ野菜ミックス …½袋
ミニトマト …………2個

たれ
┌ ねりごま …………大さじ2
│ めんつゆ（2倍濃縮）…大さじ1½
│ 水 …………大さじ1½
│ 白すりごま …………小さじ1
└ 酢 …………小さじ1

好みでマヨネーズ ……適量

RECIPE

1

めんつゆは少しずつ加えて混ぜて！

〈たれ〉 器にねりごまを入れ、めんつゆを少しずつ加えて混ぜる。
なめらかになったら他の材料を加えて混ぜる。

2

豚肉は1枚ずつ、ほぐすように！

鍋に湯を沸かし、豚肉を1枚ずつ入れる。
肉の色が変わったら取り出し、常温でおいておく。

POINT

> お肉は、水にとって冷やすとうまみが抜けたりかたくなるので、常温で冷ます

3

表示どおりにチン！ ふんわりラップ

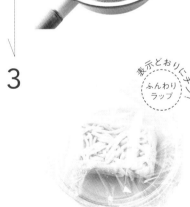

耐熱皿に冷凍うどんをのせ、ラップをして袋の表示時間どおりにレンジでチン。
ざるに入れて冷水で洗い、よく水けをきって器に盛る。

〈仕上げ〉 うどんに、豚肉・サラダ野菜・ミニトマトをのせて、たれをかける。

MOAI's MEMO

だしの効いたお手製ごまだれが味の決め手！サラダ野菜ミックスを使えば、1袋で多くの種類の野菜がとれるのでおすすめです。こっくり食べたい人はマヨネーズ多め、さっぱり食べたい人はお酢を追加してどうぞ♪

ほとんどキャベツのお好み焼き

小麦粉を極限まで減らして、キャベツたっぷりに。とろろベースで、ふわっふわのお好み焼き。

◎材料（2人分）

生地
| 小麦粉 ……………60g
| とろろ（市販パック）…150g
| 和風だしの素（顆粒）…小さじ1
| 水………………80㎖

豚バラ肉………………100g
卵……………………2個
ちくわ ……………1本（半月切り）
キャベツ ……………¼個（約300ｇ）
　　　　　　　　　（粗めのせん切り）
万能ねぎ………………4本（小口切り）
揚げ玉………………大さじ3
サラダ油 ……………大さじ1
中濃ソース、マヨネーズ…各適量
青のり、削りがつお …各適量

キャベツがいっぱい！

RECIPE

1

生地の材料

〈生地〉 ボウルにとろろを入れ、小麦粉・和風だしの素・水を加えて混ぜる。

2

1に卵・ちくわ・キャベツ・万能ねぎ・揚げ玉を加えて、さっくりと混ぜ合わせる。

3

重ねずに焼くと、カリッ！

生地の½

〈焼く（1人分ずつ）〉 フライパンにサラダ油大さじ½を熱する。豚肉の½量を広げて並べる。その上に、生地の½量をのせて平らに広げで焼く。

4

5分！
ふたして

ふたとって

2分！

豚肉に焼き色がついたら裏返し、ふたをして弱火で5分蒸し焼きに。ふたをとって2分ほどカリッとするまで焼く。

〈仕上げ〉 器に盛り、ソース・マヨネーズ・青のり・削りがつおをトッピング。

卵のはなし。

②

「卵黄」は、できあがったときのかわいさと、混ぜて食べると料理がマイルドになっておいしいからよくのせます。
でも、白身が余ってしまうので、それももったいないので活用します。

（　卵黄をのせた料理　）

生で食べるので、購入してから日が経っていない、
新しいものを使います。

余った卵白は…

すぐに使い切りたいときは汁物に入れるのがお
すすめ。中華スープでも、みそ汁でも、なんでも
合います！　味付けして、最後に溶いた卵白を回
し入れて、固まるまで加熱して完成。卵とじの黄
身なしのイメージで、具材になります。
あとは、冷凍保存も可能なので、とっておいてパン
ケーキなどスイーツの卵白に使っても。

○卵黄と卵白の分け方

1　　　　　　　　2

1　卵の殻にひびを入れて、どち
　らかの殻に黄身を入れて、白
　身は容器の中に落とす。
　空の殻に黄身を移し替える。
2　何度か空の殻に移し替えるう
　ちに、黄身の周りについてい
　た白身が落ちる。

PART
3

火を使わない
スピード＆らくらくレシピ

コンロを使わないレンチン、トースター、炊飯器調理のレシピです。
火加減を気にしなくていいし、洗い物も少なくなるのが楽ちん！

レンジで

難易度 ★★☆
調理時間 15分

レンジでしっとりよだれ鶏

さっぱり鶏むね肉をおいしく食べられる、ピリ辛レシピです。

◎材料（2人分）

鶏むね肉‥‥‥‥‥1枚（約350g）

A
| 酒‥‥‥‥‥大さじ1
| 砂糖 ‥‥‥‥小さじ½
| 塩‥‥‥‥‥小さじ¼

B
| 長ねぎ‥‥‥‥5cm（みじん切り）
| くるみ‥‥‥‥7〜8粒（15g・みじん切り）
| しょうが‥‥‥1かけ（すりおろす）
| にんにく‥‥‥½かけ（すりおろす）
| 白すりごま‥‥大さじ1
| 砂糖‥‥‥‥‥大さじ3
| しょうゆ‥‥‥大さじ2
| 酢‥‥‥‥‥‥大さじ2
| ラー油‥‥‥‥小さじ½〜1
| 粉ざんしょう‥少々

万能ねぎ‥‥‥‥‥1本（斜め小口切り）

MOAI's MEMO

レンジ庫内の余熱を利用して、お肉をしっとり
やわらかく仕上げます。切るときに鶏肉の中央
を触って温かければ中まで火が入っている証拠
です！本格ピリ辛だれが絶品です。

RECIPE

1

A

ふんわり
ラップ

3分チン！

↓

裏返し

↓

ふんわり
ラップ

2分チン！

鶏肉は耐熱皿にのせ、フォー
クで数か所を刺して穴をあけ、
Aをまぶす。
ラップをしてレンジで3分チン。

POINT

鶏肉にフォークで穴をあける
▶ P.109参照

鶏肉に穴をあけておくと、加
熱縮みがしにくくなり、やわら
かな仕上がりに。味もしみ込
みやすくなる。

2

このまま庫内で10分冷ます！

取り出して裏返し、再びラッ
プをしてレンジで2分チン。
そのままレンジの庫内で10分
冷ます。
蒸し汁はとっておく。

POINT

ラップをしたまま冷まし、蒸発
した水分を再び肉の中に戻す

3

〈仕上げ〉 2を食べやすく切っ
て器に盛る。
Bととっておいた蒸し汁大さじ
2を混ぜてたれを作り、鶏肉
にかけて万能ねぎをのせる。

POINT

たれ用にとっておいた鶏の蒸
し汁を入れると、味にまとま
りが出る

（難易度 ★☆☆
調理時間 20分）

鮭ときのこのみそバタホイル焼き

包んでトースターで焼くだけ。作業時間はすごく短い簡単レシピ！

◎材料（2人分）

生鮭…………2切れ

しめじ………80g（根元を切る）

えのきたけ …80g（根元を切る）

A ｜
砂糖………大さじ1
みそ………大さじ1
酒…………大さじ1
しょうゆ …大さじ1

バター………20g

万能ねぎ……1本（小口切り）

RECIPE

1

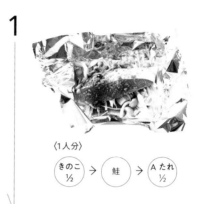

〈1人分〉

きのこ½ → 鮭 → A たれ ½

アルミホイルを2枚、20㎝四方に切っておく。

Aを混ぜてたれを作る。
それぞれのアルミホイルに、きのこ½量ずつ→鮭1切れずつ→たれ½量ずつの順にのせる。

2

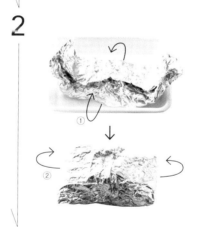

①

②

ホイルの上下を折りたたんで具を包み、左右も内側に折る。

3

\10分！/

オーブントースター → バター → オーブントースター余熱

バターが溶けるまで〜！

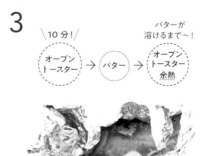

オーブントースターで、10分焼く。
一度取り出しホイルを開けて、それぞれにバターを½量ずつのせて再び包む。
オーブントースターの庫内に戻して余熱でバターを溶かす。

〈仕上げ〉 器にのせ、ホイルを開けて万能ねぎを散らす。

MOAI's MEMO

鮭ときのこのうまみを閉じ込めた一品。トースター焼きだから、火加減を気にすることなく放っておいてできあがります。バター香る甘辛みそだれで食欲がそそられます！白ご飯と一緒に召し上がれ〜♪

あじの薬味ソースがけ

お刺身に刻んだ万能香味野菜だれをかける、加熱なしの超簡単レシピ。

RECIPE

1

A

器にAを入れ、混ぜ合わせる。

POINT

薬味はしょうゆと合わせると
色が変わりやすいので、食べ
る直前に混ぜる

2

1

〈仕上げ〉 あじを器に盛り、1
のたれをかける。

POINT

魚の大きさに合わせ、バラン
スよく盛り付けて

◎材料（2人分）
あじ（刺身用）……1パック（2尾分）

A
- 万能ねぎ………1本（小口切り）
- みょうが ………½個
    （縦半分に切って小口切り）
- しょうが ………½かけ（みじん切り）
- 青じそ………3枚（せん切り）
- 貝割れ菜……10g（1cm長さに切る）
- 白いりごま ……小さじ½
- ごま油 ………大さじ1
- しょうゆ ………小さじ2

炊飯器で

コーンご飯

旬の時季に生のとうもろこしを使って、
シンプルにお米と塩で炊くだけ！

RECIPE

1 とうもろこしは長さを半分に切り、
そぐように切って芯から実をはずす。

2 炊飯器の内釜に水けをきった米
を入れ、目盛りどおりに水を注ぎ、
塩を加えて混ぜる。
1の実と芯を平らにのせ、炊飯する。

3 炊き上がったら10分ほど蒸らす。

〈仕上げ〉 芯を取り出してバター
を加え、混ぜて茶碗に盛る。

芯と実の境目あたりか
ら切り落とす。立てて
切ると切りやすい。

POINT

芯からいいだしが出る
ので、芯も入れて炊く

◎材料（2合分）
- とうもろこし …1本（皮をむく）
- 米………………2合
    （洗って30分ほど水につける）
- 塩………………小さじ1
- バター …………30g

53

$\left(\begin{array}{l}難易度 ★☆☆\\調理時間 5分\end{array}\right)$ # ピリ辛サーモンユッケ

お刺身のサーモンと調味料を混ぜるだけ。元気になる簡単メニュー。

RECIPE

1

サーモンは食べやすく切る。

◎材料（2人分）
サーモンの刺身 … 150g

A
にんにく ……… ½個（すりおろす）
しょうゆ ……… 大さじ1
ごま油 ……… 大さじ2
砂糖 ………… 小さじ2
白いりごま …… 小さじ1
コチュジャン … 小さじ2

卵黄 ………… 1個分
万能ねぎ …… 適量
　　　（斜め小口切り）
好みで糸唐辛子 …適量
好みでサンチュの葉…適量

2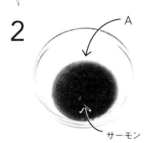
A
サーモン

ボウルにAを入れて混ぜ、サーモンを加えて和える。

〈仕上げ〉 器に盛って卵黄をのせ、糸唐辛子・万能ねぎを散らす。
好みでサンチュで巻いて食べる。

$\left(\begin{array}{l}難易度 ★☆☆\\調理時間 5分\end{array}\right)$ # ねばねば和ユッケ

長いも & オクラのねばねばコンビユッケ。かくし味のわさびがポイント。

RECIPE

1 40秒チン ふんわりラップ

オクラは塩少々をふって板ずりし、ガクをむく（▶ P.108参照）。
ラップをして、レンジで40秒チン。1cm長さに切る。
長いもは1cm角に切る。

◎材料（2人分）
長いも ……… 100g
オクラ ……… 5本
塩 ………… 少々

A
白いりごま …… 小さじ1
おろしにんにく … 小さじ¼
練りわさび …… 少々
めんつゆ（2倍濃縮）… 小さじ2
ごま油 ……… 小さじ1

刻みのり ……… 適量

2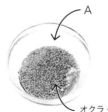
A
オクラ・長いも

器にAを入れて混ぜ、オクラ・長いもを加えて混ぜる。

〈仕上げ〉 器に盛り、刻みのりをふる。

#レンジで

（難易度 ★★☆
調理時間 20分）

焼かない豚のポテチー巻き

ポテトとチーズを豚肉で巻いてレンジでチン。外はジューシー、中はホクホクとろ～り。

◎材料（2人分）
豚ロース薄切り肉 …8枚
じゃがいも ………2個
　　（7～8mm太さの細切りにする）
ピザ用チーズ ………60g
パセリ ……………適量（みじん切り）
塩・こしょう ………各少々
オリーブ油 ………適量

A（
トマトケチャップ…大さじ2
中濃ソース ………大さじ2
粒マスタード ……小さじ1
塩・こしょう ……各少々
）

RECIPE

1

2分チン
ふんわりラップ

平らに並べると火が通りやすい！

耐熱皿にじゃがいもを平らに並べる。
ラップをしてレンジで2分チン。

2

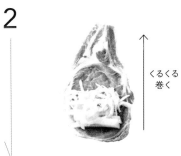
くるくる巻く

まな板に豚肉を縦長に置き、手前にじゃがいも・チーズをそれぞれ⅛量ずつのせる。
塩・こしょうをふって端からくるくると巻く。8個作る。

POINT
（チーズが流れ出ないよう、両端を押さえてくっつけるように形を整えるとよい）

3

2の巻き終わりは下に！

ふんわりラップ

3分チン！
↓
裏返してAをかけて
↓

巻き終わりを下にして耐熱皿に並べ、オリーブ油を全体に回しかける。
ラップをしてレンジで3分チン。

4

ふんわりラップ

1分チン！

3を裏返して混ぜ合わせたAをかけ、再びラップをしてレンジで1分チン。

〈仕上げ〉 器に盛り、パセリをふる。

チーズがとろ～り

レンジで

（難易度 ★★☆
調理時間 15分）

めんどくさくない絶品八宝菜

本当は炒めて煮るのでちょっとめんどうな八宝菜も、レンチンだけで簡単においしく作れます。

◎材料（2人分）

えび……………………10尾
（殻をむいて、背わたをとる）
白菜……………………250g
ヤングコーン …………5本
にんじん ………………⅓本
しいたけ ………………4枚

A ┌ オイスターソース…大さじ1½
　│ 酒………………………大さじ1
　│ 水………………………大さじ4
　│ 砂糖 …………………小さじ2
　│ 片栗粉…………………小さじ2
　│ 鶏ガラスープの素（顆粒）…小さじ1
　│ 塩………………………小さじ¼
　└ ごま油…………………小さじ1

MOAI's MEMO

えびのうまみたっぷりの八宝菜です。材料の下処理が終われば、あとはレンジにまかせて楽しちゃいましょう！ むきえびを使うとさらに楽です。豚肉やきくらげなどお好みの具材を足してアレンジしてみてください！ うずらの卵を入れたい場合、爆発する可能性があるので、加熱後に加えてください。

RECIPE

1

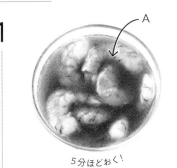

A

5分ほどおく！

ボウルにAを入れて混ぜる。
えびを加えて5分ほどおく。

POINT
先にえびに味をつけておくと、メリハリがついておいしい

2

そぎ切り
斜め半分
5mm幅
短冊切り

白菜は一口大のそぎ切りにする。
ヤングコーンは斜めに半分に切る。
にんじんは短冊切りにする。
しいたけは5mm幅に切る。

3

耐熱ボウルに白菜→しいたけ
→ヤングコーン→にんじんの順に平らに入れる。
1のボウルを混ぜ、一番上に汁ごとのせる。

汁ごと！
白菜 → しいたけ → ヤングコーン → にんじん → 1

POINT
火の通りが変わってくるので、入れる順番を守って

4

10分チン！

材料に直接触れるようにラップをかぶせ、重しとなる耐熱皿などをのせる。
レンジで10分チン。

〈仕上げ〉 器に盛りつける。

59

トマトのうまみ無水カレー

水を入れずトマトジュースで作る、さわやかな酸味がおいしいレンジ調理カレー。

#レンジで

難易度 ★★☆
調理時間 20分

◎材料（2人分）
豚こま切れ肉…120g
玉ねぎ………½個（薄切り）
エリンギ………1本（7mm厚さの半月切り）
じゃがいも……1個（7mm厚さの半月切り）
にんじん………½本（5mm厚さの半月切り）

トマトジュース…1½カップ

A
　砂糖　………………小さじ1
　中濃ソース…………小さじ2
　市販のカレールー…2かけ

温かいご飯……茶碗2杯分

RECIPE

1

耐熱ボウルに玉ねぎ→エリンギ→じゃがいも→にんじん→豚肉の順に平らに入れる。

POINT
火の通りが変わってくるので、入れる順番を守って

玉ねぎ → エリンギ → じゃがいも → にんじん → 豚肉

2

トマトジュース
1½カップ

ふんわりラップ

トマトジュースを注ぎ、ラップをしてレンジで10分チン。

10分チン！
↓
アクを除いて
Aを加える
↓

3

A

ふんわりラップ

3分チン！

カレールーは細かくしなくてOK！

2のアクを除き、Aを加えてよく混ぜる。
再びラップをしてレンジで3分チン。

〈仕上げ〉　全体を混ぜ、ご飯とともに器に盛る。

POINT
カレールーは加熱している間に自然に溶けるので、細かく削らなくてもOK。割るなら1かけを2つに割って入れて

MOAI's MEMO

こびりついた鍋を洗うのがめんどうなカレーも、レンジで作ると、洗い物が楽ちん。水を使わない無水カレーは野菜とお肉のうまみが凝縮されて少ないルーでもおいしくできます！　トマトベースなのでトッピングはチーズがおすすめ!!　イタリアンカレーのような味わいになりますよ~♪

炊飯器で

炊飯器で絶品カオマンガイ

（難易度 ★★☆
調理時間 30分）
（炊飯時間を除く）

タイ料理のカオマンガイが、炊飯器ひとつで簡単に！1品で大満足のレシピです。

◎材料（2人分）

米……………………2合
　（洗って30分以上水につける）
鶏もも肉……………1枚

A｜ にんにく…………1かけ（潰す）
　｜ しょうが…………1かけ（せん切り）
　｜ 酒…………………大さじ1
　｜ しょうゆ…………小さじ1

ごま油………………大さじ1
鶏ガラスープの素…小さじ1
あれば長ねぎの青い部分…適量

B｜ 長ねぎ……………½本（みじん切り）
　｜ オイスターソース…大さじ1
　｜ しょうゆ…………大さじ1
　｜ 酢…………………大さじ1
　｜ ナンプラー………大さじ½
　｜ 砂糖………………小さじ1

きゅうり……………½本（斜め薄切り）
トマト………………½個（くし形切り）
レモン………………¼個（くし形切り）
好みで香菜…………適量

RECIPE

1

鶏肉はフォークで数か所を刺して穴をあける。

POINT

鶏肉に穴をあけておくと、加熱縮みがしにくくなりやわらかな仕上がりに。味もしみこみやすくなる（▶ P.109参照）

2

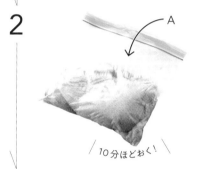

A

10分ほどおく！

1を保存袋に入れてAを加える。袋の上からもみ、密閉して10分ほどおく。

3

水は目盛りどおりでOK!

炊飯器の内釜に水けをきった米を入れ、目盛りどおりに水を注ぐ。
ごま油と鶏ガラスープの素を加えて混ぜる。
2とねぎの青い部分をのせて炊飯する。

〈たれ〉器にBの材料を入れて混ぜる。

4

〈炊き上がったら〉鶏肉・ねぎ・にんにくを取り出してご飯を混ぜる。鶏肉は食べやすく切る。

〈仕上げ〉器にご飯と鶏肉を盛り、好みで香菜をのせる。
野菜とたれを添える。

甘辛すき焼きうどん

シメのうどんの味! のっけてチンするだけの、やる気がないときにもおすすめのレシピです!

◎材料 (1人分)

冷凍うどん ……1玉
牛薄切り肉……80g
長ねぎ………¼本 (斜め切り)
えのきたけ ……30g (根元を切る)

A 砂糖…………大さじ1½
しょうゆ ……大さじ1½

温泉卵…………1個
万能ねぎ………1本 (小口切り)

RECIPE

1

重ならないように!

耐熱皿に牛肉を重ならないように広げて並べる。

牛肉
↓
ねぎ えのき → うどん → A

2

1にねぎ・えのきたけを広げてのせ、うどんをのせる。
Aをかけて、ラップをしてレンジで3分チン。

ふんわりラップ

POINT

材料は平らにのせて。うどんで具材を押さえるようにすると、まんべんなく火が通る

3分チン!
↓
上下を返す
↓
ふんわりラップ
↓
2分チン!

3

うどんや具材をほぐすように手早く混ぜる!

上下を返し、再びラップをしてレンジで2分チン。

〈仕上げ〉 よく混ぜて器に盛り、温泉卵・万能ねぎをのせる。

MOAI's MEMO

すき焼きを食べ終わった後のシメのうどんが大好きでした。もっと手軽にあの味が食べたいと思いレシピを考えました! 温泉卵は市販品でもOKですが、おうちに卵があったらレンジで簡単に作れますよ（▶ P.30のコラム参照）。

ある日のごはん。

私のある日のごはんスナップです。
やる気がでない日も、へとへとの日も作れる、めちゃくちゃ簡単だけど食べると元気になるレシピばかりです。
簡単で栄養がとれるから卵料理多め、疲れているからこそ、がっつりお肉を食べたい日も！

Photo : Kasumi Moai

@moaiskitchen   ・・・

moai's snap　ちょっと小腹が空いたとき。そんなときはこれ!! レンジでとっても気軽に作れる厚焼きサンド！ 家に常備してある食パンと卵で作るので、気が向いたときにおやつ感覚で食べちゃいます。自分で作るとあつあつ、ふわふわのサンドが食べられるので幸せ〜♪　冷めないうちに、いただきます！

レンジ厚焼き卵サンド

◎材料（1人分）
卵…2個

A
| 水…¼カップ
| 砂糖…小さじ½
| 和風だしの素（顆粒）…小さじ½
| サラダ油…小さじ½
| 塩…ひとつまみ

食パン（8枚切り）…2枚
マヨネーズ…小さじ1
マスタード…小さじ½

RECIPE

1　ボウルに卵を割り入れて溶きほぐし、Aを混ぜて四角い耐熱容器（8〜12cm角）に入れる。
ふんわりとラップをしてレンジで1分チン→取り出して混ぜて→再びラップをしてレンジで1分チン。

2　食パンの耳は切り落とす。
1枚はマヨネーズを、1枚はマスタードを全体にぬる。

〈仕上げ〉　1をはさみ、半分に切る。

@moaiskitchen

・・・

帆立のチーズリゾット

moai's snap　帰り道、お刺身コーナーをのぞくとおいしそうな帆立が。お刺身をつまみ食いしながら、今日はご飯から作る時短リゾット。帆立のうまみとチーズのコクでシンプルな味付けでもとってもおいしい〜。牛乳を消費したいときにもおすすめです。

◎材料（1人分）

帆立貝柱（刺身用）…4個
グリーンアスパラガス…1本
　　　　　　　　（1cm長さに切る）
ご飯…茶碗1杯分
オリーブ油…大さじ½
塩・こしょう…各少々

ピザ用チーズ…30g
粉チーズ…大さじ½
粗びき黒こしょう…少々

A
牛乳…¾カップ
コンソメ（顆粒）…小さじ½
塩…ひとつまみ

RECIPE

1　フライパンにオリーブ油を熱する。
帆立とアスパラを入れて炒め、塩・こしょうをふる。
帆立2個をゴムべらで潰してほぐす。残り2個はトッピング用なので取り出す。

2　Aを加えて混ぜる。
煮立ったら弱火にしてご飯を入れて炒める。
全体になじんだらピザ用チーズと粉チーズを加えて混ぜる。

〈仕上げ〉　とろりとしたら器に盛り、帆立をトッピングし、粗びき黒こしょうをふる。

つなたま丼

◎材料（1人分）

温泉卵　1個

A
｜ ツナ缶（油漬け）…1缶（70g）
｜ めんつゆ…大さじ½
｜ マヨネーズ…大さじ1

キャベツ…30g（せん切り）
ご飯…どんぶり1杯
白いりごま…適量
好みでパセリ…適量（みじん切り）
ミニトマト…2個

RECIPE

1　ボウルにAを入れて混ぜる（ツナ缶は油をきって）。

2　器にご飯を盛り、キャベツと1をのせる。

〈仕上げ〉　温泉卵をのせ、ごま・パセリを散らす。ミニトマトを添える。

moai's snap　くったくたで、レンジ調理すらもしたくないってときが月に数回訪れます。そんなときの家ご飯にこの和えるだけレシピが重宝。フライパンも、鍋も使わないので洗い物が少ないのもうれしい！！

とろとろ親子丼

◎材料（1人分）

鶏肉（親子丼用カット済みのもの）…80g

A
｜ 砂糖…大さじ½
｜ みりん…大さじ2
｜ しょうゆ…大さじ2

B
｜ 水…⅔カップ
｜ 和風だしの素（顆粒）…小さじ¼

卵…2個
玉ねぎ…½個（薄切り）
ご飯…どんぶり1杯
刻みのり…適量
三つ葉…適量

RECIPE

1　ボウルに鶏肉・Aを入れて混ぜる。
別のボウルに卵を割り入れ、溶きほぐす。

2　鍋にBを入れて煮る。
玉ねぎを加えてしんなりするまで煮る。
1の鶏肉を汁ごと入れてさらに煮る。
鶏肉に火が通ったら溶き卵を加え、半熟になるまで煮る。

3　〈仕上げ〉　器にご飯を盛る。
刻みのりをのせて、2をかけ、三つ葉をのせる。

moai's snap　大好物の親子丼はヘビロテメニュー。鶏肉に下味をつけておくと、味に一体感がでて本格的に仕上がります。とろとろ卵とジューシー鶏を一口食べれば、胃も心も満たされます♪

@moaiskitchen

・・・

関西風天津飯

moai's snap　給料日前はカニカマを使った天津飯。
お財布に優しい家計の味方！ うちの天津飯は甘酢
じゃなくて関西風鶏ガラベースだから、ご飯にとって
も合うんです。卵をひっくり返さずご飯にのせれば、
失敗知らずのとろとろ卵。

◎材料（1人分）

卵…2個
カニ風味かまぼこ…2本（ほぐす）
長ねぎ…⅓本（斜め薄切り）
しいたけ…1個（5mm幅の薄切り）
塩・こしょう…各少々
サラダ油…適量

A
片栗粉…大さじ½
酒…大さじ2
鶏ガラスープの素…小さじ1
しょうゆ…小さじ1
ごま油…小さじ1
塩・こしょう…各少々
水…¾カップ

ご飯…どんぶり1杯
長ねぎの青い部分
　　　　…適量（小口切り）

RECIPE

1 長ねぎとしいたけを耐熱皿に入れ、ふんわりとラッ
プをしてレンジで40秒チン。

2 ボウルに卵を割り入れ溶きほぐす。
カニカマと1を加え、塩・こしょうをふって混ぜる。

3 フライパンにサラダ油を熱し、2を流し入れる。
菜箸で素早く大きくかき混ぜて、半熟状になったら
火を止める。

4 器にご飯を盛り、3をのせる。
フライパンにAとねぎの青い部分を入れて加熱し、
とろみがついたらご飯にかける。

@moaiskitchen

・・・

レンチンたらこパスタ

moai's snap　パスタはゆでると大きな鍋の洗い物が出ちゃうので、「一人前だけ作るのがちょっとしんどい」ってときはレンジで。特にたらこソースは和えるだけだから、パスタの中でもとっても簡単に仕上がるんです。

◎材料（1人分）

たらこ…½腹（約30g）

＊たらこ1腹（ひとはら）は2本でワンセットなので、½腹は1本分です。

A {
スパゲッティ（5〜7分ゆでのもの）
…100g（半分に折る）
塩…ひとつまみ
水…280㎖
オリーブ油…小さじ1
}

バター…15g

めんつゆ（2倍濃縮）…小さじ1

青じそ…2枚（細切り）

刻みのり…適量

好みでトッピング用のたらこ
…適量

RECIPE

1 耐熱の器にAを入れ、ふんわりとラップをしてレンジで袋の表示時間より2分多めにチン。食べてみてかたい場合は、30秒ずつ追加で加熱する。

2 ボウルにたらこ・バター・めんつゆを入れ、1の湯をきって加え、混ぜる。

〈仕上げ〉　器に盛り、しそ・のりをのせる。好みでトッピング用のたらこものせる。

@moaiskitchen

・・・

肉塊塩豚

moai's snap　作業時間は約3分。豪華に見えるのに、作り方はめちゃくちゃ簡単。そのままでももちろん、シンプルな味付けだから、ラーメンにトッピングしたり、ねぎだれをかけておつまみにしたりしてもおいしいんです、これ！1回作れば3度は楽しめる一品です！

◎材料（作りやすい分量）
豚バラかたまり肉…400g
塩…小さじ1
こしょう…少々
ベビーリーフ・レモン…各適量

RECIPE

1　豚肉は室温に30分以上おき、塩・こしょうをふる。

2　魚焼きグリルの網にアルミホイルを敷き、1をのせる。
途中で上下を返しながら弱火で12分焼く。
そのまま庫内に10分おき、余熱で火を通す。

〈仕上げ〉　5mm厚さに切って器に盛り、ベビーリーフとレモンを添える。

塩こしょうしたかたまり肉をどーんと、魚焼きグリルに放り込んで

お気に入りの
お料理グッズ ①

私が毎日使っている道具の中でお気に入りをご紹介します。好きな道具が増えてくると料理が楽しくなります。

（ カラーバットとミニボウル ）

レンジ OK!

100円ショップの調理用のバットとミニボウル。樹脂製で軽くて、スタッキングできるから便利です。白くてシンプルなデザインも好き。レンジ調理にも使える点がポイント高いです。

（ カッティングボード ）

インスタグラムで動画を撮るときに使っている、寄木のボードと最近新調した木製ボード。どちらも、見た目がかわいいだけでなく、水きれがよくて使いやすいです。

（ 鍋やフライパン ）

お気に入りの直径18cmの赤いホーロー鍋は、色がかわいいので、鍋のままどーんと食卓にだしています。フライパンは、鉄製（直径26cm）とセラミック製（直径24cm）を使っています。鉄製は、動画用にビジュアル重視で選んだのですが、きれいに焦げめがつき、おいしくできるのでよく使っています。

PART

4

───────

鍋ごとどーんもあり
スープ＆鍋

煮込むだけで作れて、野菜もしっかりとれて、鍋ごとどーん！と食卓にだしてもOK。
スープや鍋は、忙しい日の強い味方！おすすめのシメも紹介します。

なんちゃってテール風スープ

時間のかかる牛テールスープを牛こまでアレンジ。あっという間においしくできます。

◎材料（2人分）
牛こま切れ肉 ……………… 180g
長ねぎ ……………………… 1本
しょうが ………………… 1かけ

A
　酒 ………………………… 大さじ2
　鶏ガラスープの素（顆粒）… 小さじ1
　塩 ………………………… 小さじ½
　水 ………………………… 3カップ
　こしょう ………………… 少々

粗びき黒こしょう ………… 少々

シメは……
春雨　春雨がぴったり。春雨はもどさずにそのまま入れてやわらかくなるまで煮て。

RECIPE

1

5cmの　　　せん切り
太めのせん切り

ねぎは5cm長さに切って太めのせん切りにする。
しょうがはせん切りにする。

2

A
しょうが

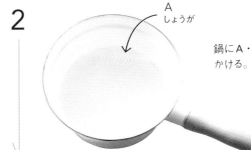

鍋にA・しょうがを入れて火にかける。

3

牛肉 → 5分煮る → ねぎ

煮立ったら牛肉を入れて5分ほど煮てアクを除く。
ねぎを加え、ねぎがしんなりしたら火を止める。

〈仕上げ〉 器に盛り、粗びき黒こしょうをふる。

MOAI's MEMO

牛の尻尾の骨つき肉を煮込んだ韓国風のテールスープは、肉がやわらかくなるまで数時間かかりますが、薄切り肉で煮込み時間5分、コスパよくおいしくできました！

キャベツと鶏のトマト鍋

野菜の水分とトマト缶だけで煮込んだ、おいしさがぎゅーっと詰まった洋風鍋。

◎材料（2～3人分）

鶏もも肉‥‥‥‥300g（一口大に切る）
玉ねぎ‥‥‥‥‥½個（縦細切り）
キャベツ‥‥‥‥¼個（200g・ざく切り）
にんにく‥‥‥‥1かけ
ピザ用チーズ‥‥100g
塩・こしょう‥‥各少々
オリーブ油‥‥‥適量

A
カットトマト缶‥‥‥1缶（400g）
コンソメ（顆粒）‥‥小さじ2
砂糖‥‥‥‥‥‥‥‥小さじ1
しょうゆ‥‥‥‥‥‥小さじ2
水‥‥‥‥‥‥‥‥‥¼カップ

好みでパセリ‥‥‥‥‥適量（みじん切り）

シメは‥‥‥
スパゲッティ　ゆでずにそのまま半分に折って加え、鍋に水¾カップほどを足して煮る。味が薄いときは、塩・こしょうでととのえて。

RECIPE

1

潰す

7mm～8mm幅　　ざく切り

玉ねぎは7～8mm幅に切る。キャベツはざく切りに。にんにくは潰す。

これも便利

キャベツを使い切れるか心配なら、カット野菜で作っても。

2

焼きつけると、香ばしさで奥行きがでる！

鍋にオリーブ油・にんにくを入れて弱火で熱する。香りが立ったら鶏肉を入れて、塩・こしょうをして中火で焼く。

3

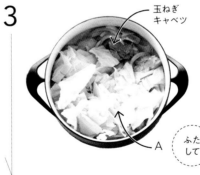

玉ねぎ
キャベツ

A

ふたして　やわらかくなるまで

玉ねぎを入れて軽く炒め、キャベツを加えて炒める。Aを加えふたをして野菜がやわらかくなるまで弱火で煮込む。

4

チーズを入れたら、あとは余熱で！

チーズをのせて火を止め、ふたをして余熱で溶かす。

〈仕上げ〉　好みでパセリを散らす。

（難易度 ★★☆　調理時間 25分）

あさりの純豆腐（スンドゥブ）

体が温まるピリ辛味。おかずにもなる具だくさんスープです。

◎材料（2人分）

あさり（砂抜きしたもの）…100g
絹ごし豆腐…………小2丁（300g）
キムチ………………150g
長ねぎ………………1本
しいたけ……………2個
にら…………………½束
卵……………………2個

A
コチュジャン ……大さじ1
ごま油…………大さじ1
鶏ガラスープの素（顆粒）…小さじ1
オイスターソース…小さじ2
しょうゆ…………小さじ2
おろしにんにく …小さじ1
水………………2½カップ

シメは……
ご飯　ご飯にかけてさらさらっと。雑炊にしたいときは、汁に入れて2〜3分煮て。

RECIPE

1

5cm
斜め薄切り　　5mm幅

ねぎは斜め薄切りに。しいたけは5mm幅、にらは5cm長さに切る。

2

A
しいたけ
ねぎ・キムチ
豆腐
豆腐はスプーンですくって入れる

鍋にAを入れて混ぜる。しいたけ・ねぎ・キムチ・豆腐を入れて中火にかける。

3

あさり
あさりの口が開くまで〜！

煮立ったらあさりを入れ、あさりの口が開くまで煮る。

4

卵
にら

卵・にらを加える。ひと煮立ちしたら火を止める。

（難易度 ★☆☆ 調理時間 15分）

酸辣湯風スープ
（サンラータン）

酸っぱ辛い中華風のスープ。とろみをつけて、卵をたっぷり。体が芯から温まります。

◎材料（2人分）

卵‥‥‥‥‥‥‥‥‥3個
絹ごし豆腐‥‥‥‥小1丁（150g）
えのきたけ‥‥‥‥60g
にら‥‥‥‥‥‥‥3本

A
| 鶏ガラスープの素（顆粒）‥‥大さじ1½
| 酢‥‥‥‥‥‥‥大さじ2
| 酒‥‥‥‥‥‥‥大さじ2
| しょうゆ‥‥‥‥大さじ1
| 水‥‥‥‥‥‥‥3カップ

B
| 片栗粉‥‥‥‥‥大さじ2
| 水‥‥‥‥‥‥‥大さじ2

好みでラー油‥‥‥適量

シメは‥‥‥
中華麺　ゆでて湯をよくきって加える。味が薄い場合は、しょうゆ大さじ1程度で味をととのえて。

RECIPE

1

キッチンばさみでカットすると早い！

えのきは根元を切って5cm長さに切る。
にらは5cm長さに切る。

2

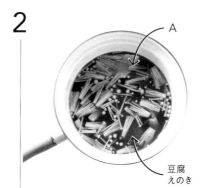

A
豆腐
えのき

鍋にAを入れて火にかける。煮立ったら豆腐・えのきを入れて煮る。

POINT

豆腐はカレースプーンなどですくって入れる。断面が大きくなり、味がよくしみる

3

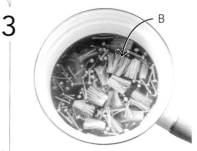

B

器にBを混ぜ合わせる。2に混ぜながら加えて、とろみがついてから1分くらい煮る。

POINT

Bは円を描くように全体に回し入れたあと、かき混ぜる

4

卵を溶いて流し入れる。にらを加えて火を止め、ふたをして蒸らす。

〈仕上げ〉　器に盛り、好みでラー油を回し入れる。

81

豚と白菜のみそガーリック鍋

はさんでコトコト。白菜たっぷり！ ガーリックが効いた絶品鍋！

◎材料（2人分）

豚バラ薄切り肉 …………200g
白菜 ……………………… ¼個
チェダーチーズ …………60g

A
酒 ……………………	大さじ3
みりん ………………	大さじ3
みそ …………………	大さじ2
和風だしの素（顆粒）…	小さじ1
おろしにんにく ………	小さじ2

シメは……
うどん 冷凍うどんをチンして加えて。コク
のあるスープは太めの麺とよく合う！

RECIPE

1

葉の間に豚バラ肉をはさむ

白菜は根元を切る。
葉の間に豚バラ肉をはさむ。

POINT

根元を切り落としておくと、は
さみやすい

2

鍋の深さ

鍋の深さに合わせて切る。

3

2　　　　A

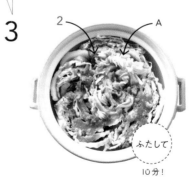

ふたして

10分！

鍋に2を縦に並べ入れ、Aを混
ぜ合わせてかける。
ふたをして弱火で10分ほど、
白菜がやわらかくなるまで煮る。

〈仕上げ〉 チーズをちぎって
のせ、溶けたら食卓へ。

MOAI's MEMO

万能な白菜×豚バラの組み合わせをガーリックみそだれ
でうまうまに仕上げました。さらにコクの強いチェダー
チーズを入れ、うどんやご飯など炭水化物との相性抜群
です！ シメの準備、お忘れなく～♪

（難易度 ★★☆ / 調理時間 20分）

鶏だんごスープ

ほっと温まる、体に染みる一品。しょうがが効いた玉ねぎいっぱいの肉だんごと白菜で、野菜もしっかり。

RECIPE

1 ボウルにAを入れ、粘りが出るまでよく練る。

2 鍋にBを入れて中火にかけ、煮立ったら白菜を加える。
ふたをして弱火で5分煮る。
白菜がやわらかくなったら、1を一口大に丸めて入れる。

3 さらに弱火で5分煮る。

〈仕上げ〉 好みでラー油とごま油を回し入れる。

✕ シメは…… **春雨**

POINT

ひき肉だねはやわらかいので、片方の手のひらの上に置き、側面の形を整えるようにして丸くする。

◎材料（2人分）

A		B	
鶏ひき肉……200g		白菜……4枚（200g）	
玉ねぎ………½個		（一口大に切る）	
（みじん切り）		鶏ガラスープの素（顆粒）	
しょうが……1かけ		…………小さじ2	
（すりおろす）		しょうゆ………小さじ2	
片栗粉………大さじ1		水……………3カップ	
しょうゆ……大さじ1½			
酒…………大さじ1			

好みでラー油とごま油…各適量

シンプル豚汁

豚肉と、豆腐と玉ねぎだけで作る、とってもシンプルだけど食べごたえのある豚汁。

RECIPE

1 鍋にAを入れ、よく混ぜてから豚肉を加え、火にかける。
肉の色が変わったらアクを除く。

2 玉ねぎを入れ、豆腐をスプーンですくって加える。
ふたをして弱火で15分煮る。

3 みそを溶かし入れて、2〜3分煮る。

〈仕上げ〉　万能ねぎを散らし、好みで七味唐辛子をふる。

 シメは……　**うどん**

◎材料（2人分）
豚こま切れ肉…200g
豆腐　…………小1丁（150g）
玉ねぎ…………1個
　（縦半分に切って1cm幅に切る）
万能ねぎ………適量（小口切り）

A
和風だしの素（顆粒）
　　　　…小さじ1
水……2½カップ

みそ……大さじ2
好みで七味唐辛子…少々

POINT
豚肉は水から煮ると縮まず
やわらかく仕上がる。

（難易度 ★★★
調理時間 25分） # クラムチャウダー

あさりと野菜のうまみが詰まった満足スープ。あさりは水煮缶を使って、お手軽に。

POINT

先に缶汁と野菜を煮て、あさりの身は最後に加えると縮まずにふっくら。

◎材料（2人分）

あさりの水煮缶 …1缶
　　　　　　（130g・固形量55g）
ハーフベーコン …1袋（40g）
　　　　　　（1cm幅に切る）
じゃがいも ………1個（1cm角に切る）
にんじん …………½本（1cm角に切る）
玉ねぎ ……………½個（1cm角に切る）
バター ……………20g

小麦粉…………… 大さじ2
水とあさりの缶汁
　　　　　……合わせて1カップ
コンソメ（顆粒）…小さじ1
牛乳………………1カップ
塩・こしょう……各適量
好みでパセリ
　　　　　…適量（みじん切り）

RECIPE

1　あさり缶は身と汁に分ける。
　　汁には水を足して1カップにする。

2　鍋を火にかけてバターを溶かし、玉ねぎ→にんじん→ベーコンの順に入れて炒める。
　　塩小さじ½・こしょう少々をふり、玉ねぎが透き通ってきたらじゃがいもを加えて炒める。
　　全体に油がなじんだら、小麦粉をふり混ぜる。

3　1の汁とコンソメを入れ、弱火で10分ほど煮る。
　　＊水が少ないときは適宜足す。

4　野菜がやわらかくなったら、牛乳・あさりの身を入れて弱火で5分煮る。
　　塩・こしょう各少々で味をととのえる。

〈仕上げ〉 器に盛ってパセリを散らす。

 シメは…… **クラッカーやバゲット**

（難易度 ★★☆）
（調理時間 15分）

元気がでてくる BLT スープ

シャキシャキレタスがクセになる。サラダ感覚で食べられるスープです。

◎材料（2人分）

カットレタス ……60g	
ハーフベーコン …1袋（40g）	
（大きめの一口大に切る）	
ミニトマト ………6個	
（へたを取る）	
オリーブ油 ………大さじ½	

A
コンソメ（顆粒）…小さじ1
塩・こしょう ……各少々
水 …………………2½カップ

好みで粗びき黒こしょう…少々

RECIPE

1 鍋にオリーブ油を熱し、ベーコンを入れて炒める。
脂が出てきたらトマトを加えてひと混ぜし、Aを加える。

2 煮立ったらアクを除く。
レタスを加え、再び煮立たせる。

〈仕上げ〉 好みで粗びき黒こしょうをふる。

 シメは…… パン

POINT

ベーコンとミニトマトを炒め合わせると、トマトにベーコンのうまみと香りが移る。

 # レンジで

（難易度 ★☆☆
調理時間 10 分）

さば缶の速攻冷や汁

暑い日におすすめ。さばのうまみが効いた冷たいみそ汁。具がたっぷりなのでおかずなしでも OK。

◎材料（2人分）

さば缶（水煮）…1缶（190g）			白すりごま … 大さじ1	
きゅうり ………1本（小口切り）			みそ…………大さじ2	
塩……………少々		A	和風だしの素（顆粒）	
絹ごし豆腐…小1丁（150g）			……小さじ½	
みょうが ………2本（せん切り）			水…………2カップ	
青じそ………6枚（ちぎる）				

RECIPE

1 豆腐はキッチンペーパーで包み、耐熱皿にのせてレンジ
で1分チン。水きりをする。
きゅうりは塩をふって少しおき、水けをきる。

2 大きめのボウルにAを入れて混ぜる。
1のきゅうりを加え、さば缶（汁ごと）と豆腐をくずしな
がら入れる。

〈仕上げ〉 みょうがとしそを加えて混ぜ、器に盛る。

◇〆 シメは…… **ご飯**

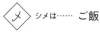

POINT

豆腐はキッチンペーパーに包み、電子
レンジで加熱するとすぐに水が出て、
重しをするより早く水がきれる。

もっとおなかいっぱい食べたいときの
鍋やスープの〆いろいろ

具だくさんの鍋やスープは、それだけでも満足ですが、もっと食べたいなというときはシメをプラスします。
各ページに私のおすすめのシメの食べ方を紹介しましたが、ほかにもいろいろ試してみてください。

（　ご飯　）

お鍋に入れて雑炊にしたり、ご飯に
汁をかけてもおいしいです。

（　冷凍うどん　）

電子レンジで加熱して解凍してから入
れても、凍ったまま入れてもOK。

（　バゲット　）

チーズ入りの鍋や洋風の鍋、スープ
に、よく合います！

（　スパゲッティ　）

ゆでずにそのまま加えて煮ます。いつ
ものスパゲッティとは違うおいしさ。

（　春雨　）

ゆでずにそのまま加えてOK。早く煮
えて、小分けパックなら量も調整しや
すくて便利。

（　中華麺　）

中華やエスニック味がよく合います。
かためにゆでてから入れます。

週末の上がるおつまみ

私が1週間で1番好きなときは金曜日の夜です。金曜日は朝から「今日1日乗り切れば金曜日の夜が待っている」と思うとワクワク。また花金を抜けるとお楽しみの週末！週末は時間があるのでお酒を飲んで、食卓を囲みながらいつもよりたくさんお話をすることができます。

だから、おつまみの楽しみ方は2種類あるなと思っています。

1つ目が、1週間の自分の頑張りを労わりながら飲むためのおつまみ。このときはさくっと、少ない材料と工程で簡単に作れるものが重宝します。2つ目は、週末に人をよんで、わいわい楽しむときのおつまみ。こちらは料理を目でも舌でも堪能したいので、少しだけいつもより頑張ります。とはいっても、お友達や家族、恋人と楽しむことがメインなので、料理に何時間もかけるといったことはせず、ほんの少し頑張る感じです。

「あれ？ この料理どうやって作ったの〜？」「おいしい！」みたいに会話の糸口になればいいなと思っています。

おつまみとしてではなくて、もちろん、副菜にもおかずとしても食べられますので、お酒を飲まない人やお子様のためにもぜひ作ってみてください。

◎材料（2人分）
フライドポテト（冷凍・市販品）…200g

A
レッドチェダーチーズ…60g（1〜1.5cm角に切る）
牛乳…大さじ1
塩・こしょう…各少々

塩・粗びき黒こしょう…各適量
揚げ油…適量

RECIPE

1 フライパンに揚げ油を深さ2cmに注ぎ入れる。
低めの中温（160℃）に熱し、フライドポテト
を入れてかりっとするまで揚げ、油をきる。

2 耐熱ボウルにAを入れ、ふんわりとラップをし
てレンジで30秒チンし、混ぜる。

〈仕上げ〉 器に1を盛り、塩をふってチーズ
ソースをかけ、粗びき黒こしょうをふる。

MOAI's MEMO

もともとフライドポテトが大好きで塩をふってケチャップで食
べていたのですが、たまには味変したいかと思って……ハンバー
ガーショップのようなチーズソースを作ってみました。

チェダーチーズでお店の味

フライドポテト
チーズソース

とろっととろけるチーズが最高！

チーズいももち

チーズが
とろ〜り

◎材料（2人分）
じゃがいも…2個
（皮をむいて一口大に切る）
ピザ用チーズ…40g
バター…10g
パセリ…適量（みじん切り）

A
片栗粉…大さじ2
牛乳…大さじ3
塩…ひとつまみ

RECIPE

1 耐熱ボウルにじゃがいもを入れ、ふんわりとラッ
プをしてレンジで4分チン。熱いうちに潰す。
Aを混ぜてこね、4等分にする。

2 1をさらに半分にしく一方を薄くのばし、チー
ズ10gをのせ、もう一方も薄くのばして、ふた
をするように上に重ねて丸く形を整える。残り
3個も同様にする。

3 フライパンにバターを弱火で熱し、バターが溶
けたら2を並べ入れて両面を色よく焼く。

〈仕上げ〉 器に盛り、パセリをのせる。

裏返さないから失敗なし。とろ〜り食感

しらすの オープンオムレツ

◎材料（2人分）

卵…3個
しらす干し…20g
青じそ…1枚
バター…20g

A
牛乳…大さじ2
めんつゆ（2倍濃縮）
　　　　…大さじ1
マヨネーズ…大さじ1

RECIPE

1 ボウルに卵とAを入れて、溶きほぐす。

2 フライパンにバターを熱する。
1を流し入れて菜箸で大きく混ぜながら半熟状に火を通す。

〈仕上げ〉 しらすとちぎったしそをのせる。

MOAI's MEMO

オムレツにするのがたまに失敗しちゃうときがあって。でも、オープンオムレツってことにしちゃえば、片面焼くだけで技術も必要ないし、すごく便利〜！と思って作りました。

香ばしくて、うまみ凝縮

焼き枝豆

◎材料（作りやすい分量）

枝豆…1袋（100g）
塩…小さじ1
ごま油…大さじ1

RECIPE

1 枝豆はきれいに洗って両端を切り落とす。
塩をまぶしてよくもみ、5分ほどおく。

2 フライパンにごま油を熱し、枝豆が重ならないように平らに並べる。
ふたをして弱火で5分焼く。
ふたを取って強火にして焼き色をつける。

＊刻んだにんにく2かけ分を入れて焼き、
仕上げにラー油をたらしてもおいしい。

◎材料（少なめの2人分）
小松菜…4株（4cm長さに切る）
ハーフベーコン…1袋（1cm幅に切る）
ピザ用チーズ…20g
にんにく…1かけ（すりおろす）
オリーブ油…小さじ2
塩・こしょう…各少々

RECIPE

1 小松菜を耐熱皿にのせ、ふんわりとラップをしてレンジで2分チン。

2 1ににんにくをのせて塩をふり、ベーコン→チーズをのせ、こしょうをふる。
オリーブ油をかけてオーブントースターで5分ほど、こんがりとした焼き色がつくまで焼く。

しゃきしゃき小松菜とベーコンがよく合う
小松菜のチーズ焼き

◎材料（2人分）
ゆでだこ…100g（小さめの一口大に切る）
エリンギ…大1本（小さめの一口大に切る）
オリーブ油…½カップ
にんにく…2かけ（みじん切り）
塩…小さじ¼
赤唐辛子…1本（半分に切って種を除く）

RECIPE

1 厚手の鍋（直径16〜18cmほど）に、にんにく・オリーブ油・塩を入れて熱する。

2 香りが立ったら弱火にして、たこ・エリンギ・赤唐辛子を加え、3分煮る。

オイルもパンにつけてどうぞ
たこときのこの
アヒージョ

◎材料（2人分）
豚ひき肉…100g
たけのこ（水煮）…50g（1㎝角に切る）
しいたけ…2枚（1㎝角に切る）
長ねぎ…¼本（みじん切り）
しょうが・にんにく…各½かけ（みじん切り）
ごま油…大さじ½

A ┃ みそ・酒…各大さじ½
　┃ 砂糖・しょうゆ・オイスターソース…各小さじ1

春雨…8g
レタス…大2枚（てのひらサイズにちぎる）
糸唐辛子…適量
揚げ油…適量

RECIPE

1 〈揚げ春雨〉　春雨はキッチンばさみで3㎝長さに切る。
揚げ油を中温（約170℃）に熱し、春雨を入れる。
白く膨らむまで揚げたら、油をきる。

2 フライパンにごま油・しょうが・にんにくを入れて弱火で熱する。
香りが立ったら、中火にしてひき肉・ねぎを加えて炒める。
肉の色が変わったら、たけのこ・しいたけを入れて炒め合わせ、
A（混ぜておく）を加えて炒める。

〈仕上げ〉　器に盛り、揚げ春雨・レタスを添え、糸唐辛子
をのせる。

パリパリ、さくさく揚げ春雨添え
ひき肉のレタス包み

◎材料（1人分）
絹ごし豆腐…小1丁（約150g）
万能ねぎ…3本（3㎝長さに切る）
長ねぎ…3㎝（白髪ねぎにする▶P.110参照）

A ┃ ごま油…大さじ1
　┃ 白すりごま…小さじ½
　┃ 塩…小さじ¼

RECIPE

1 豆腐は食べやすく切る。

2 ボウルにAを入れて混ぜ、ねぎを加えて混ぜる。
1の豆腐にのせる。

MOAI's MEMO

本気出せば1分で調理できちゃう、めちゃめちゃスピードメ
ニュー!!　とりあえず一品！ってときにおすすめです。このね
ぎだれは、油揚げ、お肉、うどんなど、何にかけてもおいし
いです。

ごま油と塩で韓国風
ねぎまみれやっこ

だれかが来る日の豪華版

アクアパッツァ

RECIPE

1 鯛の両面に塩小さじ¼をふって5分おき、水けをキッチンペーパーで拭き取る。

2 フライパンにオリーブ油・にんにくを入れ、弱火で熱する。
香りが立ったらにんにくを取り出し、鯛を皮目を下にして並べ入れ、中火で焼く。
焼き色がついたら裏返し、あさり・アスパラ・トマトを入れ、取り出したにんにくを戻し入れる。

3 白ワインをふって水を入れて、ふたをしてあさりの口が開くまで弱火で加熱。
塩・こしょう各少々で味をととのえる。

〈仕上げ〉 イタリアンパセリを散らす。

◎材料（2人分）
鯛…2切れ
あさり…100g（砂抜きしたもの）
グリーンアスパラガス…2本
ミニトマト…6個
にんにく…1かけ（スライス）
オリーブ油…大さじ1

白ワイン…大さじ2
塩…適量
こしょう…少々
水…大さじ5
イタリアンパセリ…適量

◎材料（2人分）
ピーマン…4個（細切り）
ツナ缶（油漬け）…1缶（70g）

A｜ ごま油…大さじ1
　｜ 鶏ガラスープの素（顆粒）…小さじ1
　｜ 塩・こしょう…各少々

白いりごま…適量

切ってチンして混ぜるだけ

レンジで
無限ピーマン

RECIPE

1 耐熱ボウルにすべての材料を入れ（ツナは油をきって）、ふんわりとラップをしてレンジで2分チン。
取り出してよく混ぜ合わせる。

お気に入りの
お料理グッズ ②

料理がもっと楽しくなる、道具以外の私の大好きなアイテムを紹介します。

（ お気に入りの器いろいろ ）

料理がおいしそうに見える、軽くて扱いやすい器が好き。黄色のお皿は、前職の同僚からのプレゼントです。黄色い器を持っていなかったので、うれしくて高頻度で使っています。

（ ランチョンマット ）

これらは洋裁好きの祖母が作ってくれた、ランチョンマットです。リネンの色合いが好み。かける紐もついていて便利。いつも使っています。

（ エプロン ）

ネイビーのサテン地のエプロンは、「かすみのKが入っているから」と、母が学生時代に買ってくれたもの。軽くてアイロンがけが不要なところがとてもよいです。今でも大切に使っています。
ピンク色のリネンは派手すぎない色みが、お気に入りのエプロン。

MOAN's KITCHEN

PART

5

オーブンいらない
スイーツ

レンジやトースター、フライパンで作れる簡単スイーツ。
今日は疲れたから、甘いものも食べたい！ という日にもどうぞ。

マグカッププリン

（難易度 ★☆☆
調理時間 15分）

レンジ2分！　あとは余熱でできる、ふるふる、とろっとろのプリン。

◎材料（容量230mlのマグカップ1個分）

注意　マグカップは高温に耐えられる電
子レンジOKなタイプを使ってくだ
さい。またカップにヒビが入ってい
ると加熱中に割れる恐れがあるの
で、よく確認してください。

卵…………1個
砂糖………大さじ2
牛乳………130ml

A | 砂糖……大さじ1
　 | 水………小さじ2

熱湯………小さじ1

好みでホイップクリーム・
チェリー缶 …各適量

MOAI's MEMO

カラメルを作るときは、急激な温度差でマグ
カップが割れてしまう危険性があるので、熱湯
でしっかり温めてから作りましょう。また、め
んどうなときは、カラメルソースがなくてもお
いしくいただけます。

RECIPE

1 あらかじめ、マグカップに熱湯（分量外）を入れてカップを温めておく。

〈カラメル〉　マグカップにAを入
れてよく混ぜ、ラップをしないで
レンジで1分40秒チン。茶色くな
るまで加熱する（色づきが薄い場合
は、20秒ずつ追加で加熱）。
熱湯小さじ1を注いでカップを揺
すって混ぜる。

POINT

加熱後はカップが熱くなっているの
で、やけどをしないよう必ずミトンや
鍋つかみを使用して取り出す。熱湯
を加えるとはねるので注意

カラメルを混ぜるときに、スプーン
を使うとくっついて固まってしまうの
で、カップを回して混ぜる。

2 〈プリン〉　ボウルに卵と砂糖を入れて泡立て器でよく混ぜ合わせる。
牛乳を注いでよく混ぜ、茶こしでこしながら1に流し込む。

3 2をラップをしないでレンジで2分チン。
表面が少し固まってきたら、取り出す。

POINT

もし途中でマグカップの中央部分から液がふきだしてあふれてきた場合は、
すぐに取り出すこと。
表面が固まらない場合は、注意しながら追加で20秒ずつ加熱する

4 アルミホイルで二重に包む（余熱
で火が通り、固まる）。
粗熱がとれるまで室温に置く。

POINT
余熱で仕上げるのは、加熱時間が
長いとすが入ってしまうため。

アルミホイルを二重にすると、保温
効果が高く、ふるふるの食感に。

5 冷蔵室で2時間ほど冷やす。
〈仕上げ〉　好みでホイップクリームを絞り、チェリーを飾る。

難易度 ★★★
調理時間 30分

ふわふわパンケーキ

口の中でふわっ、しゅわっと溶けていく、
魔法みたいなパンケーキです。

◎材料（2枚分）

A | 小麦粉……30g
  | ベーキングパウダー…小さじ½（2g）

卵………2個（卵黄と卵白に分ける）
砂糖…………20g
牛乳………大さじ1½
バター………20g

好みのトッピング…適量

RECIPE

1 ボウルに卵黄と牛乳を入れて混ぜる。Aを合わせてふるい入れ、ゴムべらで粉っぽさがなくなるまで混ぜる。

2 別のボウルに卵白を入れ、泡立て器（あれば電動ミキサー）で泡立ててメレンゲにする。
つのが立つようになったら、砂糖を2回に分けて加え、そのつど泡立てる。

3 1へ2のメレンゲをおたま1杯分加えてよく混ぜる。そしてそれを2のメレンゲに加え、泡が潰れないようさっくりと混ぜて生地を作る。

4 フライパンをごく弱火で熱し、バターを入れて溶かす。3の生地を入れ、ふたをして2～3分焼く。
表面が乾いてきたら、さらに生地をおたま1杯分くらいのせる。
うっすら焼き目がついてきたら裏返し、ふたをして弱火で5分ほど焼く。

〈仕上げ〉 器に盛り、好みのトッピングをする。

泡立て器を持ち上げると、卵白も持ち上がり、つのが立つまで泡立てる。

POINT
焦げやすいので、火加減は最弱で！

生地がある程度焼けたところで、もう1杯分をのせて焼くと厚みが出る。

（難易度 ★★☆
調理時間 30分）

もちもちパンケーキ

もちもちの秘密は、ずばり"餅"！
ホットケーキミックスで作れるもっちりパンケーキ。

◎材料（2〜3枚分）
ホットケーキミックス…200g
切りもち …2個
牛乳………1カップ
卵…………1個
バター ……20g

好みのトッピング…適量

RECIPE

1 もちは1cm角に切る。
耐熱ボウルにもちと牛乳を入れ、ふんわりとラップをしてレンジで3分30秒チン。

2 泡立て器でもちが溶けるまでよく混ぜたら、卵とホットケーキミックスを加え、全体がなじむように混ぜ合わせる。

3 フライパンをごく弱火で熱し、バターを入れて溶かす。
2をおたま2杯分くらい入れて焼く。
表面が乾いてプツプツしてきたら裏返し、全体に火が通るまで弱火でじっくりと焼く。

〈仕上げ〉 器に盛り、好みのトッピングをする。

溶けやすくなるように、1cm角に切る。

牛乳と合わせて加熱し、混ぜた状態。とろりとしていればOK。もちが溶けにくい場合は、追加で20秒ずつ加熱。

レンジでバナナケーキ

たっぷりのバナナ入りで甘さ控えめ、食事代わりにもなるレンチンケーキ。

◎材料（容量300ml前後の大きなカップ2個分）
ホットケーキミックス…大さじ5
バナナ…………1本
卵……………1個
サラダ油………大さじ½
砂糖　…………小さじ2

好みでチョコホイップクリーム、
ミント、トッピング用のバナナ…各適量

これも便利

「ザーネワンダーホイップクリーム」は、使いたい分だけを絞り出せて、絞り口を洗っておけば、冷蔵室で数か月保存可能。少しずつ使えるので重宝します。

RECIPE

1 ボウルにバナナを入れてフォークでペースト状になるまで潰す。

2 1のボウルに卵を割り入れて、サラダ油と砂糖を加え、泡立て器でよく混ぜる。

3 ホットケーキミックスを加え、ゴムべらで粉っぽさがなくなるまで混ぜる。
マグカップ2つに分けて入れる。

POINT　加熱すると生地が膨らむので、カップの半量を目安に入れる

4 それぞれラップをせずにレンジで2分チン。
竹串を刺してみて、何もついてこなければでき上がり。

〈仕上げ〉　粗熱をとり、好みでホイップクリームを絞り出し、バナナとミントを飾る。

竹串を刺してみて、先に生地がついてきたら再度加熱する。20秒ずつ加熱時間を増やして。

MOAI's MEMO

オーブン不要でケーキができちゃうのがうれしい。たっぷりバナナを使った贅沢ケーキ♪　余ったホットケーキミックスは、虫が入らないよう食品用のクリップでとめて、冷蔵庫で保存します。

さくさくチョコチップクッキー

オーブンも型もいらない。材料4つでできる、ちょっと食べたいときのお手軽クッキー。

◎材料（8枚分）

小麦粉············· 大さじ6
砂糖············· 大さじ2
バター ··········· 30g
チョコチップ ··· 大さじ1

RECIPE

1 耐熱の器にバターを入れて、ラップをしないでレンジで30秒チンして、溶かしバターにする。

バターは完全に溶かさず、白っぽさが残るくらいにとどめておくと、砂糖や粉と混ぜやすく、風味よく仕上がる。

2 ボウルに1と砂糖を入れて泡立て器ですり混ぜる。
ざらつきがなくなったら、小麦粉を加えてゴムべらでさっくりと混ぜる。
粗熱がとれたらチョコチップを加えて混ぜ、8等分する。

POINT 熱いところにチョコチップを入れると溶けてしまうので注意！

3 厚さ5mmくらいに手で形を整え、天板に間隔をあけて並べる。

POINT クッキーは焼くと広がるので、少し小さめに形を整え、隣との間隔をしっかりあける

4 トースターに入れ、ほんのり焼き色がつくまで加熱する。
700wのトースターで5分が目安。
軽く色づいたら火を止め、そのまま庫内で冷ます。

MOAI's MEMO

オーブントースターは焦げやすいから、色がつき始めて「ちょっと色が薄いかな？」というくらいで止めてOKです！

（難易度 ★★☆
調理時間 30分）
（冷やす時間を除く）

いちごの焼かない生チョコタルト

ビスケットのタルト台に生チョコを流し込むだけ。いちごが華やかなので、おもてなしスイーツにも。

◎材料（15cmのハート型1個分）
　＊型は350ml。丸型の場合、直径12cm

A｜ミルクチョコレート…150g
　｜生クリーム …½カップ

B｜ビスケット …40g
　｜バター ………30g
　｜　（レンジで20秒加熱する）

いちご …………8〜10個

MOAI's MEMO

甘いチョコレートと甘酸っぱいいちごのハーモ
ニーが抜群。さくさく食感のクッキーも合わさっ
て、一口食べれば幸せになること間違いなし。
バレンタインの手作りチョコとしても喜ばれます。
型がなかったら、タッパーで作ってもOK♪

RECIPE

1 〈タルト台〉 ファスナーつき保存
袋にビスケットを入れ、袋の上か
ら麺棒でたたき、粉々にくだく。
溶かしバターを入れて全体になじ
ませる。

パウダー状になるまで砕く。最初は
麺棒でたたくようにして砕き、ある
程度粒が小さくなったら袋の上から
麺棒を転がして潰す。

2 型にクッキングペーパーを敷き、1
を平らに入れ、スプーンの背な
どで底に押しつけて固め、冷蔵
室で15分以上冷やす。
その間にチョコレートを細かく割
る。

3 〈生チョコ〉 鍋に生クリームを
入れ、弱火で温める。
沸騰直前で火を止める。
チョコレートを割り入れ、ゴムベ
らでなめらかになるまで混ぜる。

生クリームは沸騰させると分離して
しまうので、沸騰直前で火を止めて
チョコレートを入れる。最初はなじ
みにくいが、混ぜているうちになめ
らかに。

4 2に3を流し入れる。
型を5cmくらい持ち上げて作業
台に落とし、チョコレート生地
の空気を抜く。
粗熱がとれたら冷蔵室で2時間
冷やす。

5 〈仕上げ〉 いちごを盛りつける。
ハートの外周は縦半分に切った
もの、中心部分は四つ割りにし
たものを並べる。

素材の下ごしらえ & 切り方

レシピページででてきた切り方の中で素材特有の切り方と、
知っておきたい下ごしらえの仕方を写真で解説します。

◯ アボカドの種を取る

切り口にはレモン汁をふっておくと、変色防止に。

1
包丁を入れ、刃が種に当たったら実を持ってぐるりと一周切り目を入れる。

2
実を上下にひねって切り離す。

3
包丁の根元の部分を種に刺して、上下に軽く動かして種を取る。

4
すぐ食べないときは、切り口にレモン汁をふりかけておくとよい。

◯ オクラの板ずり

塩をつけてこすっておくと、うぶ毛が取れて色鮮やかに。

1
塩適量（オクラ4〜5本に塩大さじ½くらい）をふる。

2
まな板の上で、手でごろごろと転がす（この工程を「板ずり」という）。塩を洗い流して使う。

◯ オクラのガクを取る

ひげのような部分（ガク）を取ると、きれいで食べやすさアップ。

1
オクラはヘタの部分までやわらかく、おいしく食べられるので、ヘタのごく先端だけを切り落とし、ガクを削る。

2
ガクはりんごをむくのと同じ要領でぐるりと一周刃を動かしてむく。

○ 鶏むね肉の観音開き

身の厚さの差が大きいので、同じ厚みになるようにします。

1
中央に肉の厚みの半分くらいまで切り目を入れる。

2
切り目から包丁の刃を寝かすようにして、切り開くように斜めに切り目を入れる。

3
切り落とさないように、少しずつ刃を入れていく。

4
片側が切れたらもう一方も同じように切る。

○ 鶏肉にフォークで穴をあける

下味をしみ込みやすくし、またやわらかく仕上がります。

ディナーフォークなど、大さなフォークで5〜6か所肉を刺す。

○ 玉ねぎのみじん切り

最初は大きめでも大丈夫！　少しずつ細かく刻んでいきます。

1
玉ねぎは縦半分に切り、根元を切り落とさないように縦に切り目を8〜10本入れる。

2
玉ねぎの向きを変え、先に入れた切り目に直角になるようにして端から切る。

3
切った玉ねぎをまな板の上に平らに広げ、包丁を縦横、斜めと細かく動かしてさらに細かく切る。刃先を包丁を持っている手と反対側の手で軽く押さえ、そこを支点に刃を動かしていくと刻みやすい。

玉ねぎの量が多すぎて切りにくいようなら半量を取り分け、2回に分けると刻みやすい。

みじん切りは一辺が3〜4mm。料理の種類に応じて、刻み具合を調整して。

覚えておきたい切り方

この本にでてくる、一般的な切り方も紹介します。
素材を上手に切れると、料理の仕上がりもきれいになります。

◯ 粗みじん切り

一辺が5〜7mm程度、粒が大きい段階で、みじん切りをやめた状態。適度な食感が残り、ボリュームも出て、細かいみじん切りとは違ったおいしさがあるので、レシピでしばしば登場します。

◯ そぎ切り

白菜の芯の部分や肉などに、斜めに刃を入れて切ること。断面が広くなるので、早く火が通り、味もよくしみます。

◯ 半月切り

名前の通り半分の月のように、にんじんや大根など筒状の丸い野菜を、半分に切った円のような形の薄切りにすること。最初に野菜を縦半分に切って、端から薄切りにします。

◯ 短冊切り

短冊のような形に見えることから、このように呼ばれます。長さ5cm、厚さ2mm、幅1cmくらいに切りそろえた状態で、火が通りやすく、炒めもの、あえもの、汁ものなど幅広く使われます。

◯ せん切り

キャベツやレタスなどの葉野菜を幅2〜3mmに切ること。2人分程度なら、そのまません切りにするより、1枚ずつはがした葉を、3〜4枚重ねて押さえやすい大きさに丸め、端から切っていくと楽で、飛び散りません。

◯ 白髪ねぎ

長ねぎの白い部分を、白髪のように細くせん切りすること。まず、ねぎを5〜6cmほどの長さに切り、縦に切り目を入れて、緑の芯を除きます。白い部分を開いて、端からごく細いせん切りし、水に5〜10分ほどさらしてから使います。

Epilogue

おわりに

食を通じて幸せと笑顔を届けたいという夢を実現するために就職した食品メーカー。そこで多くの仕事を経験した中で、メニュー考案の仕事が一番楽しくて、いつかレシピを考えることを仕事にしたいなと漠然と思っていました。

そんなとき、SNSを活用して個人で活躍している人がたくさんいることに気がつき、私もSNSで自己表現をしてみたい、大好きな料理のレシピを直接届けたいと思うようになり、インスタグラムを始めました。

やるからには、ただおいしいレシピを発信するだけでなく、忙しい中で自炊をしてきた私が発信することに意味のある料理に関連した何かにしたい。

そう思い、「忙しい人を応援する、手軽に作れて、ちょっぴりテンションも上がるようなレシピ」を発信することにしました。

「作ってみて、おいしかったです」「彼氏や家族も大喜びでした!」という、ご覧いただいている皆さんの声が一番うれしくて、毎日レシピを開発する励みになっています。

今回、この本を作ることになり、今まで見てきてくださった方もはじめての方にも、MOAI's KITCHENのレシピを活用してもらえて、幸せを感じてもらえたらならうれしいです。

もあいかすみ

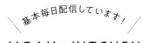

基本毎日配信しています!

MOAI's KITCHEN
#OL仕事めし

自宅のキッチンで、こんな感じで撮影しています!

撮影に必要なカメラの使い方やライティングについてはカメラ教室で勉強しました。あとは、ユーチューブを見たり、本を読んだり、独学でも勉強しました。

編集作業中。いつも作業していると猫のまるみがのぞきにきます。

編集は、映像制作をしている高校時代の友人に教わりました。初めて作った1分のレシピ動画は、制作になんと5時間もかかりました! 友人には感謝です。

もあい かすみ
Moai Kasumi

OL料理家／栄養士

幼い頃から食べることが大好きで料理だけは進んでお手伝いしていた幼少時代。高校生の時に重度の貧血を患い、食の重要性を痛感し、大学では栄養の道へ。「食」を通じて人々に幸せを届けたいという軸をもとに食品メーカーに就職し、全国チェーン店のレストランやテーマパーク、量販店のデリカなど、幅広い業態に向け、メニュー・調味料開発の事業に従事。
忙しく働きながら自炊してきた経験をもとに、インスタグラムで「OL仕事めし」をテーマとしたレシピを配信している。
https://www.instagram.com/moaiskitchen/

Staff

ブックデザイン	平木千草
撮　影	白井由香里
スタイリング	中村弘子
編集協力	中村 円
調理アシスタント	栃木佐織、百相いづ美
校正	田中美穂
編集担当	宇並江里子
撮影協力	UTUWA

MOAI's KITCHEN #OL仕事めし
がんばらなくてもできる おいしい!すぐレシピ

2020年10月29日　初版発行

著者／もあい かすみ

発行者／青柳 昌行

発行／株式会社KADOKAWA
〒102-8177　東京都千代田区富士見2-13-3
電話 0570-002-301(ナビダイヤル)

印刷所／凸版印刷株式会社